五禽戏

宋渊　编著

河南科学技术出版社

·郑州·

插图绘制：高翔

图书在版编目(CIP)数据

五禽戏/宋渊编著. —郑州：河南科学技术出版社，2023.1
ISBN 978-7-5725-0491-4

Ⅰ. ①五… Ⅱ. ①宋… Ⅲ. ①五禽戏（古代体育）-基本知识
Ⅳ. ①G852.9

中国版本图书馆CIP数据核字（2021）第127875号

出版发行：河南科学技术出版社
地址：郑州市郑东新区祥盛街 27 号　　邮编：450016
电话：(0371) 65737028
网址：www.hnstp.cn
责任编辑：董　涛
责任校对：崔春娟
封面设计：王留辉
责任印制：张艳芳
印　　刷：河南文华印务有限公司
经　　销：全国新华书店
开　　本：890 mm × 1240 mm　1/32　印张：7　字数：220千字
版　　次：2023年1月第1版　2023年1月第1次印刷
定　　价：35.00元

前言

五禽戏被认为是东汉名医华佗所创，最早对华佗创编五禽戏的记载见于陈寿的《三国志·华佗传》："吾有一术，名五禽之戏，一曰虎，二曰鹿，三曰熊，四曰猨（猿），五曰鸟。亦以除疾，并利蹏（蹄）足，以当导引。"南北朝时范晔在《后汉书·华佗传》中的记载与此基本相同，只是对个别文字略做修饰，全段并没有太大出入。史书上对华佗创编五禽戏虽有明确记载，但是后人对于这种说法一直存在争议。

模仿动物姿势进行身体锻炼的记录可以追溯到更早的时代。《庄子》说："吹呴呼吸，吐故纳新，熊经鸟申（伸），为寿而已矣。"其中，"熊经鸟伸"，就是对古代养生之士模仿动物姿势习练气功的生动而形象的描绘。1973 年湖南长沙马王堆三号汉墓出土的 44 幅帛书《导引图》中也有不少模仿动物的姿势，如"龙登""鹞背""熊经"，有的图虽然注文残缺，但仍可看出模仿猴、猫、犬、鹤、燕以及虎、豹扑食等姿势的形状。由此看来，五禽戏的形成可能经历了一个漫长的过程。

五禽戏的出现影响深远，有人把华佗创编的五禽戏说成是后世各类象形取意的仿动物拳的先河；也有人认为五禽戏是现存已知最早的武术套路，华佗就是武术的鼻祖。这些说法不免夸大了华佗五禽戏对后世拳术的影响，但是后世所编成的武术套路，显然受到古代导引理法深刻影响。例如：土家余门拳，属峨眉拳系的一个土著拳种，广泛流传于川东各县及重庆、湖北、陕西等地。余门拳的传承者认为余门拳源于华佗五禽戏。传说华佗被杀后，华佗两名叫吴普、樊阿的弟子逃离中原，在途经四川宣汉借宿时，见余姓的主人家卧病在床，气若游丝，二人把五禽戏的健身方法传授给他，他练习数月后，身体得以恢复。基于五禽戏的功法，经过余姓几代人的传习，逐渐形成了特点鲜明的余氏武术技艺。

五禽戏发展至今，在流传的过程中形成了很多不同流派，各流派五禽戏的练习方法各具特色。编者作为一名武术爱好者和武术工作者，长期从事武术教学、训练和竞赛工作，非常喜爱习练健身气功五禽戏。我的练功体验是五禽戏练习过程中气感很强，练习起来很舒服，当然这可能仅仅是个人的偏好。出于个人爱好和研究兴趣，编者根据自己的练功和教学体验，收集五禽戏相关理论及技术资料，整理出来汇集成书，以供同道研究参考。不到之处，敬请批评指正。

本书共收录六套五禽戏：华佗五禽戏；吴式五禽戏；周式五禽戏；高式五禽戏；叶式五禽戏；金式五禽戏。

编者

目录

第一章 华佗五禽戏

据传，五禽戏为东汉名医华佗首创，迄今已有1800多年的历史，是我国古代著名的“导引术”，所以常称之为“华佗五禽戏”。

此“五禽戏”，据南朝陶弘景《养性延命录》记载，即源自华佗。原谱非常珍贵，是较早的关乎华佗的五禽戏练法文献，但缺少详细的动作解析，今编者斗胆试行整理，谨供读者参考。

注意，为使招式明确具体，本功变“鸟戏”为“鹤戏”。另外，《养性延命录》也因著述久远，版本众多，差异很大，编者只能取精用宏。

《养性延命录·导引按摩篇第五》：“谯国华佗，善养性，弟子广陵吴普、彭城樊阿，受术于佗。佗语普曰：‘人体欲得劳动，但不当使极耳。人身常摇动，则谷气消，血脉流通，病不生，譬犹户枢不朽是也。古之仙者，及汉时有道士君倩者，为导引之术，作熊经鸱顾，引挽腰体，动诸关节，以求难老也。吾有一术，名曰五禽戏，一曰虎，二曰鹿，三曰熊，四曰猿，五曰鸟，亦以除疾，兼利手足，以常导引。体中不快，因起作一禽之戏，遣微汗出即止，以粉涂身，即身体轻便，腹中思食。’吴普行之，年九十余岁，耳目聪明，牙齿坚完，吃食如少壮也。虎戏者，四肢距地，前三掷，却二掷，长引腰，乍却仰天，即返距行，前、却各七过也。鹿戏者，四肢距地，引项反顾，左三右二，左右脚伸缩亦三亦二也。熊戏者，正仰，以两手抱膝下，举头，左擗地七，右亦七，蹲地，以手左右托地。猿戏者，攀物自悬，伸缩身体，上下一七，以脚拘物自悬，左右七，手勾却立，按头各七。鸟戏者，双立手，翘一足，伸两臂，扬眉鼓力，各二七，坐伸脚，手挽足趾各七，缩、伸二臂各七也。夫五禽戏法，任力为之，以汗出为度，有汗以粉涂身，消谷食，益气力，除百病，能存行之者，必得延年。”

一、虎扑

【练法】

1. 两掌按地，约同肩宽；两脚相并；身向前俯，头部扬起。目视前下。（图 1–1）

2. 身体缓缓向前移动，臀部下沉，头部前移，两腿挺直，两手臂亦挺直。（图 1–2）

3. 然后收回，如图 1–1 之式。再向前移动。如此反复练习数次。

图 1–1

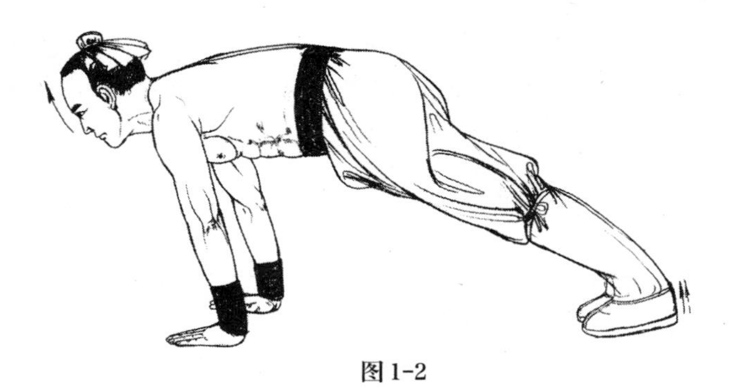

图 1–2

4. 头部用力前伸，臀部随之下沉，两脚跟离地，身体尽量向前移动。（图 1–3）

5. 两脚跟落地，身体用力后缩，臀部缓缓移向后斜上方。（图 1–4）

6. 然后头部前伸，如图 1–3 之式。继后缩身体。如此反复练习数次。

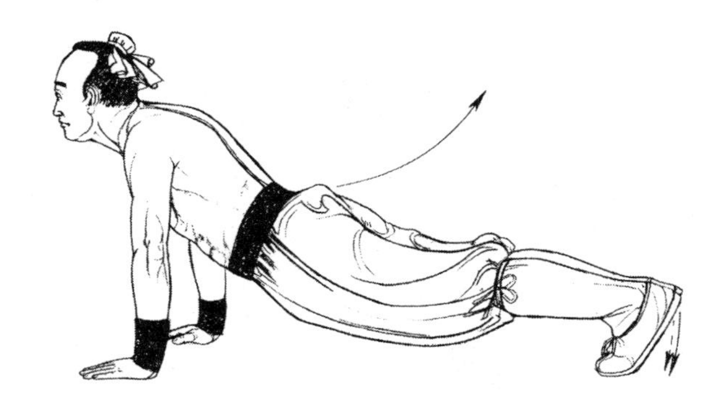

图 1-3

图 1-4

二、鹿展

【练法】

1. 开始练习时，先以虎扑图 1–1 之式，然后两臂、两腿挺直，头颈伸开，缓缓向左转动。双目尽力瞧向左后方。（图 1–5）

2. 头部缓缓向右转动，尽力瞧向右后方。（图 1–6）

如此左右转动，反复练习。

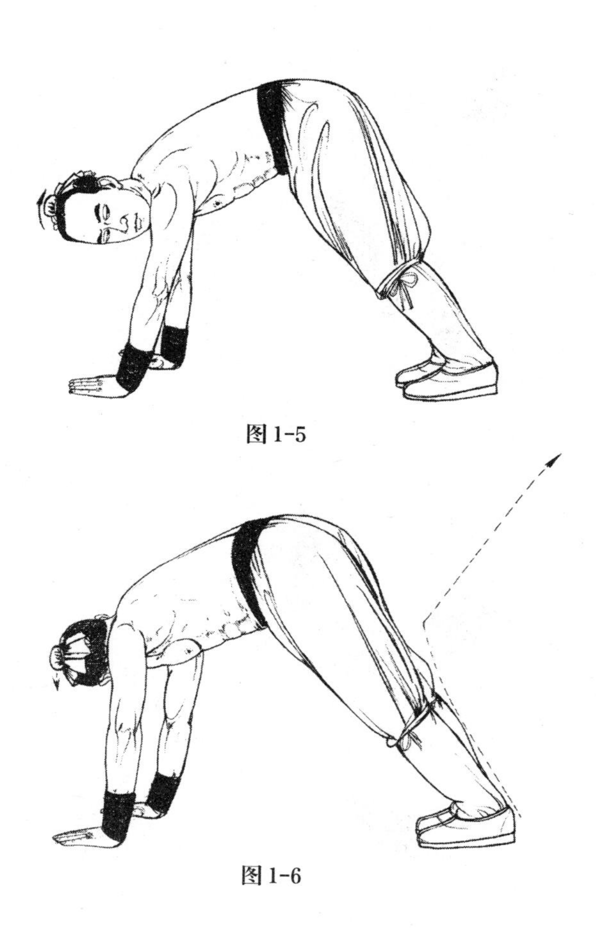

图 1–5

图 1–6

3. 两掌按地不变；左腿提起，缓缓向后斜上方伸出，脚跟用力蹬劲，腿部与背部成一条斜直线为宜。（图 1–7）

4. 放下左脚，再蹬右腿。（图 1–8）

两腿交替伸缩运动，反复练习。

图 1–7

图 1–8

三、熊滚

【练法】

1. 臀部坐地，两腿屈膝内收；两掌叉指，环抱两膝前下，成团身状。（图 1–9）

2. 身体右滚，使身体右侧着地。（图 1–10）

图 1-9

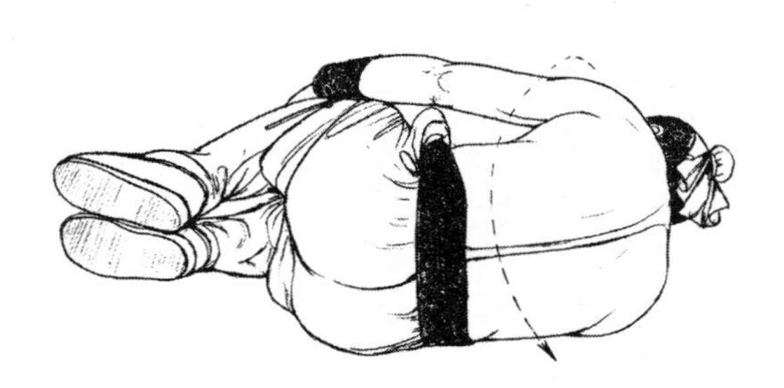

图 1-10

3. 继向左滚身。（图 1–11）

左右滚转，反复练习。

4. 起身，两腿屈膝深蹲，两脚间距约同肩宽；两掌着地，按于两脚外侧，掌尖向外；昂头，前视。然后，以两肩带动上身向左右晃动，连续练习数遍。（图 1–12）

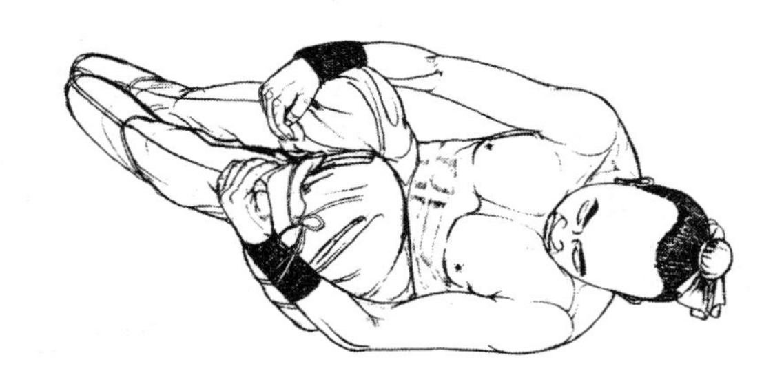

图 1-11

图 1-12

四、猿挂

【练法】

1. 两手伸举抓握树枝或单杠，如猿攀枝，身体下垂。（图 1–13）

2. 两手用力，使身体缓缓上升，至下颌超过单杠为宜。（图 1–14）

按上述练习法，一上一下，反复数遍。

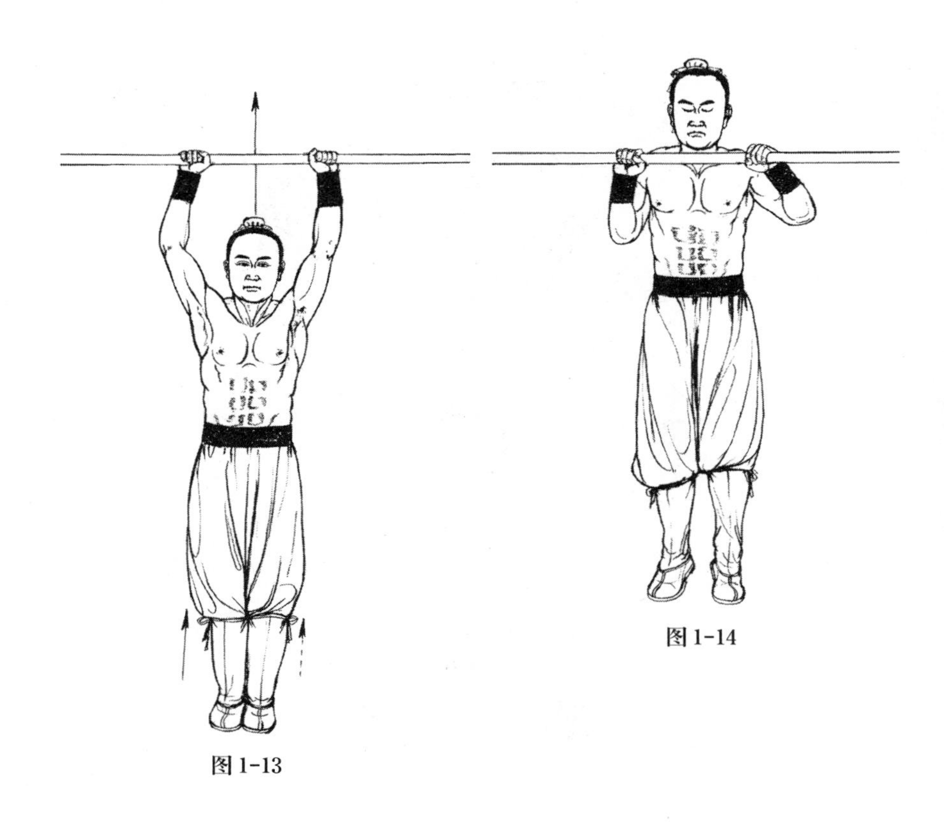

图 1-13

图 1-14

3. 继用两脚勾住树枝或单杠；松开左手，右手抓握。（图 1–15）
4. 稍停片刻。然后松开右手，左手抓握。（图 1–16）
两手交替，各做数次。
5. 等功夫有所进展，则双手松开，只用双脚勾挂或单脚勾挂练习。
注意，初练时千万不要松开双手，并在下面放置保护垫，以免误落跌伤。

图 1-15

图 1-16

五、鸟飞

【练法】

1. 左腿独立；右腿伸膝，向前上举，约与裆平，脚尖上翘；两掌上举张开，掌尖向上，掌心向里，两臂伸直。（图 1–17）

2. 扬眉瞪目；两掌分展，两臂下落，掌尖向上，掌心向外。（图 1–18）

3. 随即收提掌臂。如此反复练习数次，如鸟之展翅。

4. 换成右腿独立，两掌练法同上。

注意，初学者双腿可先采用站立式，进而练习独立式。练习独立式时，可先练习单腿屈膝提起，最后再练习单腿伸膝。循序渐进，难度较小。

5. 坐下，两腿伸直，向前俯身；两掌攀住两脚。然后伸展和收缩两腿与两臂，练习数遍。（图 1–19）

图 1–17

图 1-18

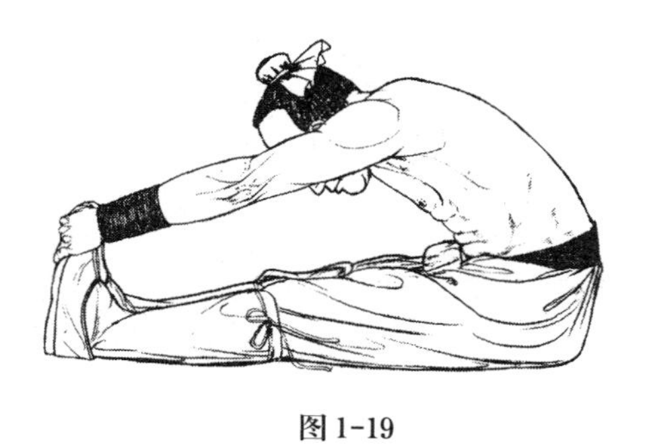

图 1-19

第二章 吴式五禽戏

吴式五禽戏，乃古传华佗五禽戏嫡系，传自名医华佗亲传弟子吴普。但因年代久远，其真实渊源很难明考，至今吴式五禽戏练法众多，差异极大。编者学练了数种，综其所长，统一编排，献于同道。

全套功法共48式，动作较多，练法丰富，运动量较大，健身效果显著，而且本套是以熊、鹿、虎、猿、鹤的顺序锻炼，更利于增劲增力。熊戏强壮，先练耐力；鹿戏迅捷，次练活劲；虎戏威猛，继练发劲；猿戏灵敏，再练巧劲；鹤戏轻灵，终练弹力。

一、熊晃

【练法】

1. 两脚并步，正身直立；两手垂放体侧；呼吸自然。目视前方。（图2–1）

2. 左脚向左横开一步，成大开步站立，两脚间距比肩稍宽；同时，两掌向外分开，掌尖向下，掌心向里。目视前方。（图2–2）

3. 两腿、两手姿势不变；以腰为支点，头及上身向左偏倾。（图2–3）

4. 左偏至极限时，缓缓向右偏倾。（图2–4）

如此左右反复练习。

注意，练习时呼吸随动，练习次数自行确定，以循序渐进为原则。

每式可以单独反复练习，也可直接接下式。

图2–1

图 2-2

图 2-3

图 2-4

二、熊摆

【练法】

1. 左脚前上一小步，两膝自然伸立；上体前倾，两臂下垂（偏向后侧），掌心向里，掌尖向下。（图 2-5）

2. 随即，上体后仰。目光上视。（图 2-6）

3. 然后回式。

反复练习。

图 2-5

图 2-6

三、熊推

【练法】

1. 左脚后退，右脚左趋，两脚间距略比肩宽，两膝稍蹲成马步；同时，右掌半握拳收向右腰侧，右肘向后拉动；左掌上收，向正前方推出，掌心向前，掌尖向上，腕与肩平。目视左掌。（图 2–7）

2. 左掌半握拳收向左腰侧，左肘向后拉动；同时，右拳变掌向前方推出，掌心向前，掌尖向上，腕与肩平。目视右掌。（图 2–8）

如此两手轮换，反复收推。

图 2-7

图 2-8

四、熊抗

【练法】

1. 左脚尖外摆，重心移于右腿，成左高虚步；同时，左掌向右斜上方弧线摆拨，高与耳平，掌心向后，掌尖斜向上；右掌向右后下方抓搂，五指撮成勾手，勾尖向上，高与胯平。目视左侧。（图 2–9）

2. 左脚尖内扣，右脚尖外摆，重心左移，成右高虚步；同时，右手变掌向左斜上方弧线摆拨，掌心向上，高与耳平，掌心向后，掌尖斜向上；左掌向左后下方抓搂，五指撮成勾手，勾尖向上，高与胯平。目视右侧。（图 2–10）

如此左右转换，反复练习。

图 2-9　　图 2-10

五、熊运

【练法】

右脚尖内扣，两脚平行开立，稍宽于肩；上身前俯，两掌下垂于两膝前。全身放松，整体抖动，自然灵活。（图 2–11）

练习时间自定，可舒筋活络。

图 2–11

六、熊攀

【练法】

1. 上身立起，重心移于右腿；左腿屈膝提起，左脚尖下垂；同时，两掌上举于额侧前方，掌心相对成抱球状。目视前方。（图 2–12）

2. 左脚向左下侧落踏，两膝稍屈沉身；同时，两掌变拳，用力下拉肩前，拳心向里，拳面斜向上。目视前方。（图 2–13）

3. 重心移于左腿，右腿屈膝提起；同时，两拳变掌，向前推出，五指微张，腕与肩平。目视前方。（图 2–14）

4. 右脚向右下侧落踏，两膝稍屈沉身；同时，两掌后拉肩前，掌心向里，掌尖向上。下拉两手时，需用抖劲，肘部须有沉劲。（图 2–15）

5. 两掌向前推出。

如此反复练习。也可直接练习第七式。

图 2-12

图 2-13

图 2-14

图 2-15

七、熊步

【练法】

1. 右脚向前跨出一步，左脚收提于右小腿后侧；同时，右掌下移小腹前，掌心向上，掌尖向左；左掌横于胸前，掌心向下，掌尖向右，两掌如抱球状。目视前方。（图 2–16）

2. 左脚向前迈步，右脚向后收提；同时，两掌上下换位，仍如抱球状。（图 2–17）

如此两脚迈步，两掌如揉球般，反复练习。

3. 按上述动作练习纯熟后，即可于广阔之地练习，可直线行走，也可走大圆圈。

一进一揉，连绵不断，经常练习，身体自健。

图 2–16

图 2–17

八、熊怒

【练法】

1. 左弓步站立；两手半握拳，拳心向下，环臂置于腹前。然后，瞪眼怒目，上身左右摇晃，两手用力紧握，样似熊怒。（图 2–18）

2. 然后，换练右弓步。练法同上，唯左右相反。

左右轮换练习，次数自定。

瞪睛怒目一会儿后，可闭目休息一会儿。

图 2–18

九、熊斗

【练法】

1. 两腿成左弓步；两手半握拳，屈肘立臂于胸前，两拳心相对，拳面向上。目视前方。（图 2–19）

姿势摆好后，双眼紧紧注视前方，以腰身为支点，两拳同时向左、向右挥动，约与耳平。

2. 换右弓步练习，练法同上。

左右轮换，次数自定。

图 2-19

十、鹿伸

【练法】

1. 两腿屈膝半蹲，右脚跟提起成右丁步；同时，两臂下垂体侧，两掌按劲，上身直立，臀部用力后坐，反复多次。（图 2–20）

2. 休息片刻。接着，两掌上举，全身伸展，两脚跟提起，保持一会儿。（图 2–21）

3. 然后放下两掌，蹲身下按。

如此一缩一伸，反复练习，次数自定。

图 2–20

图 2–21

十一、鹿奔

【练法】

1. 左脚尖外摆，两腿屈膝半蹲，成左虚步；同时，两掌向前伸出，与肩同高，指尖向前，掌心向下，虎口相对。目视前方。（图 2–22）

2. 右脚垫步，左脚向前冲出一步，仍成左虚步；同时，两掌向体侧后下方弧线后摆，掌心向后，掌尖向下，置于臀部后侧；上体略后仰。目视前方。（图 2–23）

按上述动作反复练习，动作轻灵敏捷，身体随同自然摆动。

3. 然后练习右虚步式。

左右反复，次数自定。

图 2–22　　图 2–23

十二、鹿抵

【练法】

1. 左脚向前滑步，右腿蹬伸，成左弓步；同时，两掌向前按出，高与腹平，两掌心向下，掌尖向前；上体前倾。目视两掌。（图 2–24）

2. 两脚用力蹬地，两掌下按，至左膝盖两侧；同时，上身前俯，头往前顶。目视左脚前地面。（图 2–25）

一起一伏，反复数次。

3. 再换右弓步，练习次数自定。

图 2–24

图 2–25

十三、鹿斗

【练法】

1. 立身而起；两掌上提腹侧，上体左倾，头向左摆，左肩向左顶劲。（图 2–26）

图 2–26

2. 右脚向左前方跨出一步，上体右倾，头向右摆，右肩向右顶劲，两掌向左下按。（图 2-27）

一左一右，交替练习，次数自定。

图 2-27

十四、鹿步

【练法】

1. 身体左转，左脚前进一步；同时，左掌向左后甩，右掌向前甩。两眼由前向右侧看。（图 2–28）

2. 接着，右脚前进一步，右手向右后甩，左手向前甩。两眼由右向前、向左看。（图 2–29）

眼随步视，身随头转，轻松愉快，协调自然。

左右交替，次数自定。

图 2–28　　图 2–29

十五、鹿顾

【练法】

1. 左脚向右侧上步，重心移于左腿；右脚跟悬起，膝部下沉，脚尖点地；右掌屈肘竖臂，举于右耳侧；左掌向左膝前上侧伸出，掌心向下；同时，伸长脖子，扭头向左后看。（图 2–30）

2. 接着，右脚向左前方上一步，重心前移，左脚跟悬起；两掌随转体举于两肩前，屈肘竖臂；同时，伸长脖子，向右扭头，注视后侧方。（图 2–31）

一左一右，交替前行，左顾右盼，次数自定。

图 2–30　　图 2–31

十六、鹿跑

【练法】

1. 左脚高提，向前跨一大步；右腿蹬伸成左弓步，上体前倾；同时，两掌屈肘置于胸前，成抱球状，虎口向上。目视前方。（图 2-32、图 2-33）

图 2-32

图 2-33

2. 接着，右脚高提，向前大跨步；左腿蹬伸，成右弓步，上体前倾。目视前方。（图 2–34、图 2–35）

左右交替向前，如鹿奔跑，次数自定。

图 2-34

图 2-35

十七、鹿警

【练法】

1. 两掌屈肘上举于两肩前侧方，掌心向前；同时，左腿屈膝提起，跃跃欲动。目视左侧斜下方，有临敌警惕之意。（图 2–36）

2. 接着，左脚落步，上体向右侧倾；两掌向前下伸臂探出；同时，右脚向后反踢，脚底向上。头部左扭，目视右脚。（图 2–37）

上述动作，左右替换，反复进行，次数自定。

图 2–36

图 2–37

十八、鹿泳

【练法】

1. 两脚并步，两腿屈膝半蹲，臀部下坐；同时，上体前俯，两掌向前斜下方伸臂，掌尖斜向前方，掌心向下，高与大腿平。目视两掌。（图 2–38）

2. 接着，两腿一蹬伸，右脚蹿前一步，上体抬起，挺胸收腹；同时，两掌向体后划出，斜伸臂于臀部后侧。（图 2–39）

3. 左脚上步蹲身，两手再向前伸，做左蹿步划水动作。

左右反复，次数自定。

图 2-38　　图 2-39

十九、鹿抖

【练法】

左脚向前一步，两臂左右展开下垂，掌尖向下，两掌心遥遥相对，上体略前倾。全身放松，竭力抖动，仿效鹿抖毛动作。（图 2-40）

左右换脚，交替进行，次数自定。

图 2-40

二十、虎啸

【练法】

1. 两脚开步站立，两脚间距稍宽于肩；身体放松微缩，两掌提于腹前，掌心向里，虎口相对。目视前方。（图 2-41）

2. 挺胸展体，按掌提踵，瞪睛怒目，张口发“哈”声。（图 2-42）

如此吐气发声三至五次，不宜过多。

图 2-41

图 2-42

二十一、虎扑

【练法】

1. 两脚开步站立，右转体，两膝微屈沉身，成右小弓步；同时，两手成虎爪置于腹前，爪心向下。目视前方。（图 2-43）

2. 身体连续扭动数次，然后两脚蹬地向前跳起跃出，成右弓步；同时，两爪向前扑抓而出，高与胸平；怒目张口，发声吐气。（图 2-44）

3. 然后缩身蓄势，再向前扑。

连续不断，次数自定。

图 2-43　　图 2-44

二十二、虎抓

【练法】

1. 两脚大开步站立，两腿屈膝半蹲，随之上体右扭，左膝略向前跪；右虎爪向右后撑，至腰后侧，虎口向左，爪心向后；左虎爪向右平推，爪心向右。头左转，目视左斜前方。（图 2-45）

2. 接着，左转体，左膝屈蹲，右膝沉跪；左爪猛然随转体向左后弧线撑搂，高与腰平；右爪向左弧线推出，高与鼻平。目视右爪。（图 2-46）

3. 左右抓爪动作相同，唯姿势相反。

一左一右，反复进行，次数自定。

图 2-45　　图 2-46

二十三、虎步

【练法】

1. 左脚向左侧跨出一步，右腿蹬伸，成左弓步；同时，两掌伸臂按于左膝侧上方。目视前下。（图 2–47）

2. 右脚上步于左脚后跟处，脚尖点地，身体重心下沉，成右丁步；两手姿势不变。目视前下方。（图 2–48）

图 2–47　　图 2–48

3. 接着，右脚向左前方跨出一步，左腿蹬伸，成右弓步；同时，两掌向右侧方摆动。目视前下。（图 2–49）

4. 重心前移，左脚收于右脚跟后侧，脚尖点地；同时，上体稍左转，左掌屈于腹前，掌尖向右；右掌置于右髋下侧，掌心向下。目视前下。（图 2–50）

按上述动作，向前行进，次数自定。

图 2–49

图 2–50

二十四、虎踞

【练法】

两腿屈膝半蹲，成马步；两掌按于两膝上。瞪睛怒目，气势凌人。（图2-51）

此为站桩之法，开始练习时马步可以蹲高一些，等功力进展后再练低式。循序渐进，尽量坚持，功到自然成。

图 2-51

二十五、虎咬

【练法】

马步桩蹲立，上体略前倾；两虎爪提于两肩前，十指扣紧；口如咬物。然后，头部左、右转动，模仿老虎撕咬之相。（图 2–52）

图 2–52

二十六、虎窥

【练法】

1. 右弓步站立，上体略前倾；两虎爪置于右大腿侧上方，两肘尖夹肋；伸颈探头。目视前方。（图 2–53）

2. 头颈向右缓缓用力转动，双目极力向右后注视。（图 2–54）

3. 然后，头颈向左缓缓用力转动，双目极力向左后注视。（图 2–55）转动次数自定。

图 2–53

图 2-54

图 2-55

二十七、虎跳

【练法】

1. 两脚小开步站立，屈膝下蹲；两掌向前按地；目视前下。然后，两臂伸直，身体后缩，两脚跟悬离，蓄势待发。（图 2–56）

2. 手脚同时用力向前跳起。（图 2–57）

3. 向前纵身扑出，手脚同时落地，身体俯卧。昂头，目视前方。（图 2–58）

上述动作，可反复练习，次数自定。

图 2–56

图 2-57

图 2-58

二十八、虎伏

【练法】

1. 身体俯卧，两臂、两腿均伸直，低头含颌，臀部向上突起。（图 2–59）

2. 两膝前下跪前伸（不触地面），身体后缩，臀部尽量坐至两脚后跟上。抬头，目视前方。（图 2–60）

3. 手脚一齐用力，同时伸腿、伸腰，头部向前斜上方伸出。定式后，两臂、两腿伸直，臀部下落，昂头伸颈，目视前上方。（图 2–61）

上述动作为一遍，反复练习。

图 2–59

图 2-60

图 2-61

二十九、虎泳

【练法】

1. 两脚并步，两膝微屈半蹲，上体略前倾；两掌前伸，掌心向下，虎口相对，约与鼻平。目视两掌。（图 2–62）

2. 两腿挺直；同时，两掌后划，掌心向后，掌尖向下，高与腰平；挺胸收腹，昂头伸颈。目视前方。（图 2–63）

此动作模拟游泳，两手似划水，两腿似蹬水。

反复练习，次数自定。

图 2–62　　图 2–63

三十、猿步

【练法】

1. 缩身，左腿屈膝提起，上体前倾；同时，左手握空心拳，屈肘提于左肋侧；右掌横置胸前，掌心向下。目视前下方。（图 2-64）

2. 右手向左下经过左脚绕弧一圈；左脚随之向前落步，上体立起（伸展），左扭身。目视左后方。（图 2-65）

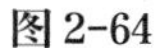

图 2-64

图 2-65

3. 动作不停，右腿屈膝下蹲，左脚提屈于右脚前，脚跟提悬，脚尖点地成左虚步；同时，上身下缩，两手成勾手，屈肘勾腕于胸前，勾尖向下，团身缩脖。目视前方。（图 2–66）

4. 左脚旋即提起，体向左转；两勾手互绕，随即右勾手变空心拳向左前方穿出，拳心向上；左勾手变掌，护于右前臂上。目视左斜前方，也可挤眉弄眼噘嘴，模仿猿态。（图 2–67）

5. 接着，提右脚，练法与上相同，唯姿势相反。

左右反复，交替练习，次数自定。

图 2–66

图 2–67

三十一、猿窥

【练法】

1. 左腿屈膝提起，右腿独立稍屈膝，上体略向左前俯；同时，右手半屈掌指，屈臂置于右额旁；左掌成勾手置于左肋侧。两眼向左窥望。（图2–68）

2. 左脚落地，屈膝站立；右腿随之屈膝提起，上体略右转，缩身向右倾俯；同时，右手变勾手下落于右肋前侧，勾尖向下；左勾手略伸掌指，上举于左额旁。双目向右前方窥视。（图2–69）

一左一右，交替练习，灵活敏捷，次数自定。

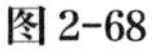

图2–68

图2–69

三十二、猿献

【练法】

1. 两脚开步，宽超两肩，随后右转体（此时，右脚在前，左脚在后）；两掌上抬端于胸前。头左转，目视左前方。（图 2-70）

2. 右腿独立，上体向右倾俯，左腿向身后屈膝抬提；同时，两掌向前伸出，掌心向上，约与鼻平。目视两掌。（图 2-71）

图 2-71

图 2-70

3. 左脚落地，上体左转；两掌收端胸前。目视左下。（图 2-72）

4. 左腿独立，上体向左倾俯，右腿向身后屈膝抬提；同时，两掌向前伸出，掌心向上，约与鼻平。目视两掌。（图 2-73）

图 2-72　　图 2-73

三十三、猿息

【练法】

1. 右腿屈膝半蹲，左脚尖点地于右脚内侧，沉身坐臀，成左丁步（猴蹲步）；同时，两手捏指成猿勾手，护于胸前，勾尖向下。神态自若，悠然自如。站立时间自定。（图 2–74）

2. 换成右丁步练习，其他姿势相仿。

图 2–74

三十四、猿坐

【练法】

1. 右脚向左脚前外侧盖步，两腿屈膝下蹲，臀部坐于左脚后跟，成歇步；同时，右手成猿勾，屈肘护于右胸侧，勾尖向下；左掌举于额前，掌心向下，掌尖向右。目视右侧前方。（图 2-75）

2. 歇步不变，右勾不变；左掌向外转腕，使掌尖向左，仍置额前；头颈缓缓向左后转。目视左后侧方。（图 2-76）

图 2-75

图 2-76

3. 身体略起，头颈右转；左掌向里转腕，使掌尖向右，仍置额前。目视右侧斜上方。（图 2–77）

4. 左勾手下落至右腹前，与右勾手相并之际提起，护于胸前。目视右侧前上方。（图 2–78）

5. 然后，提起左脚向右脚前方盖步成歇步，练法与上相仿。

动作轻灵，换步及时，次数自定。

图 2–77　　图 2–78

三十五、猿采

【练法】

1. 右腿屈膝半蹲，沉身下坐；左脚尖点地于右脚前，成左丁步；同时，两手成猿勾手，右勾手屈肘竖臂，提于右耳后侧，勾尖向下；左勾手屈臂护于左胸前。目视左前方。（图 2–79）

图 2–79

2. 左脚向前踏地，使身体腾起；右腿向身后飞踢，上体前倾；同时，左勾手向左、向后划弧，反伸臂于腰后，勾尖向上；右勾手向前伸臂探出（似摘果动作），勾尖向下，腕与顶平。目视右手。（图 2–80）

3. 右脚收落踏地，屈膝半蹲，上体下坐；左脚收步，脚尖点地，成左丁步；同时，右勾手经头顶弧线回收，屈肘下落于右肩上侧变掌，掌尖向斜上方，约与耳平；左勾手右收，变掌托住右肘。头左转，目视前方。（图 2–81）

4. 然后，换右脚，练习右丁步、左探手摘果动作。

左右交替练习，次数自定。

图 2-80

图 2-81

三十六、猿躲

【练法】

1. 右脚后退，左腿屈膝提起，缩身藏头，上身前俯；两手变勾手屈肘护于下颌前，垂肘竖臂，勾尖向下。目视前方。（图 2–82）

2. 左脚向左前落步，上体右转，右腿屈膝提起，缩身藏头；两勾手护于下颌前，垂肘竖臂，勾尖向下。目视前方。（图 2–83）

变换练习，次数自定。

图 2-82

图 2-83

三十七、猿闪

【练法】

1. 右脚向右侧闪跨一步，屈膝半蹲；左脚收拢，脚尖点地，缩身下蹲成左丁步；同时，两勾手屈肘竖臂护于胸前。（图 2-84）

2. 上身突然左转。目视左侧方。（图 2-85）

3. 练习右闪，与上相仿。

动作灵活，次数自定。

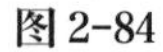

图 2-84

图 2-85

三十八、猿攀

【练法】

1. 两脚跟相靠，脚尖外展，两腿屈膝全蹲；同时，两掌自左右弧线抱向头顶（左掌心抱右掌背或右掌心抱左掌背均可），两臂成环状。目视前下方。（图 2-86）

2. 两手下拉胸前，身体同时伸立而起，耸肩缩脖。目视前上方。（图 2-87）

3. 然后再蹲，再拉手立身。

反复练习，次数自定。

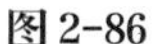

图 2-86

图 2-87

三十九、猿望

【练法】

1. 右腿伸膝直立，左腿提起，左脚掌贴于右膝内侧；同时，右勾手屈护于右肋侧，勾尖向下；左掌举于左额前，掌心向下。目视远方，眨眼数次。（图 2-88）

2. 静立一会儿，即换左脚站立，右腿提起。

两脚、两手互换练习，时间、次数自定。

图 2-88

四十、鹤步

【练法】

1. 重心移于右腿，右腿屈膝半蹲；左脚向前迈出，脚尖翘起，脚跟落地；同时，两掌自然下垂体侧，坐腕翘掌，掌尖向前斜下方。目视前下方。（图 2-89）

2. 左前脚掌向前踏地，上体重心移至左腿；右脚提起向前迈出，脚跟着地，脚尖翘起；两手姿势不变。（图 2-90）

左右交替，不断前行，轻盈自如，似鹤涉行。

前行次数自定。

图 2-89　　图 2-90

四十一、亮翅

【练法】

1. 两脚并步站立，两脚跟提起；同时，两掌前后平展，右掌向前，左掌向后，掌尖向外，掌心向下，臂与肩平。目视左侧方。（图 2–91）

图 2-91

2. 两脚跟落地；两臂前举合拢，掌背相贴，高过头顶，上体略向前上探。（图 2–92）

再提跟、展臂，重复练习，次数自定。

图 2-92

四十二、鹤浴

【练法】

1. 两脚开步，宽超过肩距，两膝稍屈；上体略前倾，两肘平提稍屈，掌尖向下，掌心向里。目视前下方。（图 2–93）

2. 头脸左侧由左肩至左臂上，连续数次慢捋。（图 2–94）

图 2-93

图 2-94

3. 然后，头部偏向右肩。（图 2-95）

4. 头脸右侧由右肩至右臂上慢捋，反复多遍。（图 2-96）

此式模拟白鹤沐浴整羽之态，练时应轻松愉悦，灵活自然。左右交替，练习次数自定。

图 2-95

图 2-96

四十三、鹤立

【练法】

1. 右腿独立，左腿屈膝提起，成右独立步；两臂左右侧平举，高与肩平，掌尖向外，掌心向下。目视前方。（图 2–97）

2. 换左腿独立。

练习时间自定。

图 2–97

四十四、鹤翻

【练法】

1. 右腿屈膝，右脚向后提起；左腿独立，上体略前倾；同时，两臂左右平肩展举，掌心向下，掌尖向外。目视前方。（图 2–98）

图 2-98

2. 身体前倾，两臂左右斜展；右腿缓缓后伸举起。昂头伸颈，目光上视。（图 2–99）

3. 稍停片刻，身体抬起后翻，两臂前后侧展；右脚落地站立，左脚后伸，脚心向上。头左转，目视左斜侧方。（图 2–100）

4. 换练右腿独立。

两脚交替，反复练习，次数自定。

图 2-99

图 2-100

四十五、鹤起

【练法】

1. 左脚前出一步，面向前方，两腿屈膝半蹲，成左虚步；同时，两掌经体侧合于腹前，掌背相贴，掌尖向上，继上移至胸。目视前方。（图2–101）

2. 上动不停，两掌继续上提，置于额前；同时，身体向上提升。（图2–102）

3. 两掌外翻向外划弧，落至体侧，约与胯平，掌心向下，掌尖向前。目视前方。（图2–103）

如此连续练习，全身协调一致，两腿伸屈、上体起伏与两手动作配合，活泼自然，次数自定。

图2–101

图 2-102

图 2-103

四十六、鹤展

【练法】

1. 右弓步站立，上体前倾；两掌向体侧斜伸，掌尖向下，掌心向里。目视右脚尖。（图 2-104）

2. 上体缓缓立起；同时，两臂由体侧渐渐伸展上举，直至平肩。正头颈，目视前方。（图 2-105）

反复练习，次数自定。

3. 然后换练左弓步。

图 2-104

图 2-105

四十七、鹤翔

【练法】

1. 左脚上前一步，成左虚步；两臂左右展开，掌心向下，掌尖向外，两掌平胸。目视前方。（图 2–106）

2. 左脚尖外展，右脚背扣在左小腿后，上体略前倾；同时，两掌随左转身平展旋转。定式后，左腿连续屈伸，牵动身体上下起伏。（图 2–107）

两腿轮流交换，扭转起伏，带动身体左右旋转，犹如仙鹤翩翩飞舞，悠然自得。

左右练习，次数自定。

图 2–106　　图 2–107

四十八、鹤落

【练法】

1. 右弓步站立；两臂左右展开，掌心向下，掌尖向外，约与腰平。目视前方。（图 2–108）

图 2–108

2. 两臂缓缓上举、侧展，两掌略高于肩。（图 2-109）

图 2-109

3. 两掌缓缓弧线下落，上体渐渐下沉；两膝慢慢下屈，终成全蹲。定式后，两掌落至两脚外侧，掌尖近地；低头下视，如鹤落地。（图 2–110）

4. 起身，左脚前进，两脚并步；两掌落下，垂放体侧。放松全身，调匀呼吸，本功收式。（图 2–111）

图 2–110

图 2–111

第三章 周式五禽戏

明代养生家周履靖(1549—1640)编印了《夷门广牍》丛书，收录了很多“遵生”之书，其中《赤凤髓》即载有“五禽戏”。书前有序（刑部尚书彭辂）称：“气之在人也，周行于五脏六腑、百骸九窍之间，导而引之，小可却疾，大可长年。”今参照周氏刻本，试加解析，推陈出新，广传益众。

编者仔细研读原谱发现，此“五禽戏”（下简称“周式”）独具特征，与本书第一章所述南朝陶弘景《养性延命录》记录的“五禽戏”（下简称“陶本”）相较，已有较大的变化。一是导引动作的编排顺序有所不同，“陶本”是虎、鹿、熊、猿、鸟；“周式”则为虎、熊、鹿、猿、鸟。二是“陶本”多以卧俯，辅以坐式与立式；“周式”则全部为站式。三是“陶本”偏重大幅度动作锻炼；“周式”更加象形，且增加了意想、吐纳等气功心法。

一、虎戏

【练法】

1. 两脚并步，正身直立，两手垂于体侧，自然呼吸。目视前方。（图3-1）

2. 左脚向左横开一步，两脚间距比肩稍宽；上体前俯，两掌握拳，伸臂垂于体前，约同膝高，拳面向下，拳心向里。目视两拳。（图3-2）

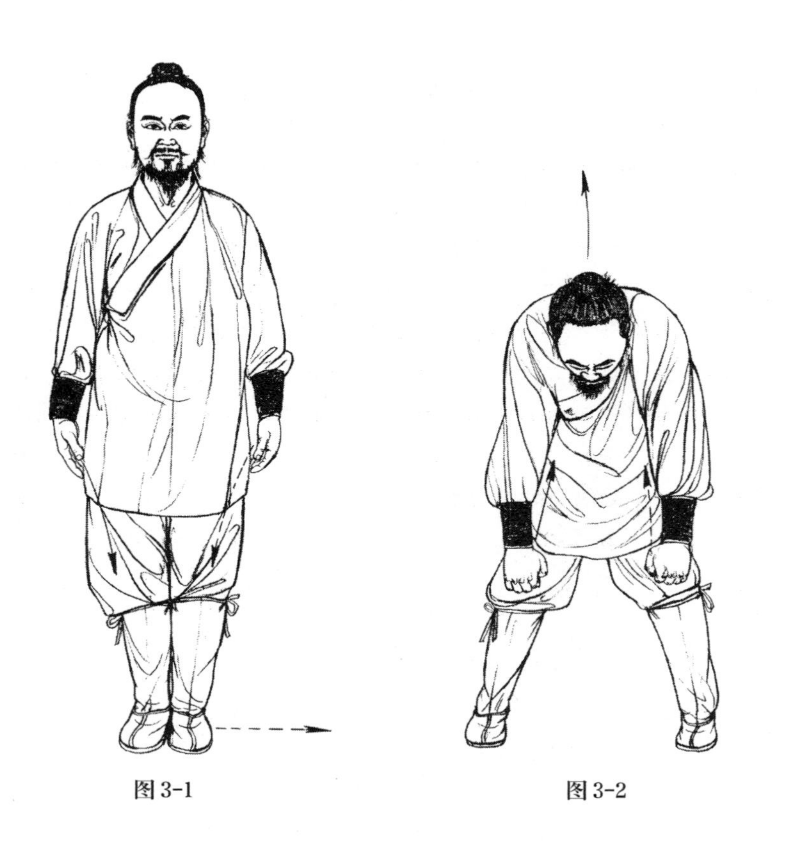

图3-1　　图3-2

3. 两拳用力，如提重物，越提越紧，切勿放松；两臂伸直，上身渐渐伸立。瞪睛怒目。（图 3–3）

4. 坚持一会儿，然后放松，前俯身。

反复练习。多练此式可使人精神和畅，气血调和。

图 3-3

二、熊戏

【练法】

1. 右腿独立；左腿屈膝向前提起，脚底与地面平行，略高于右踝；同时，两手握空拳，右拳屈臂举于右侧，高与顶平，拳心向前，拳面向上；左拳伸臂置于左膝上侧方，拳面向下，拳心向里。目视前方。（图 3-4）

图 3-4

2. 左拳、左脚向左外侧摆动，右拳向外侧摆动。外摆内收，反复练习。（图 3–5、图 3–6）

3. 然后换左腿独立，动作相同。

多练此式可舒筋、安神、活血。

图 3-5　　图 3-6

三、鹿戏

【练法】

1. 两脚开立，约同肩宽；上体略前倾，低头；两手握拳向前下伸臂，高与小腹平，拳心向下。目视前下方。（图 3–7）

2. 身体不动；头部缓缓左转，两目用力后瞧。（图 3–8）

图 3-7

图 3-8

3. 头部缓缓右转，两目用力后瞧。（图 3–9）

4. 头转正，低头目视前下方；同时，两脚跟提悬，前脚掌撑地。（图 3–10）

5. 两脚跟落地，上身挺直；头部左转，稍仰面，双目用力向左后瞧。（图 3–11）

6. 然后，提起脚跟、落下脚跟，头向右转。

如此反复练习。多练此式可以周通气血，流贯百脉。

图 3-9

图 3-10

图 3-11

四、猿戏

【练法】

1. 左腿独立，右腿屈膝提起；同时，右臂环抱胸前，如抱树状；左手向前斜上伸出，如探果状，高过头顶，掌尖斜向上。目视左掌。（图 3–12）

2. 右脚向前落步，左腿屈膝向前提起；同时，左掌收回胸前环臂，如抱树状；右掌向前斜上方伸出，如探果状，高过头顶。目视右掌。（图 3–13）

3. 以右脚跟为轴，脚尖内转，向左转约 180 度；两手姿势不变。（图 3–14）

左右交换，反复练习。多练此式可固神定息，增强腿力。

图 3–12

图 3-13

图 3-14

五、鸟戏

【练法】

1. 两脚开步，稍宽于肩，正身直立；同时，两臂左右平伸，成一字平肩式。目视前方。（图 3–15）

2. 两掌向头顶上方举臂合掌，左掌心贴住右掌背；同时，上体后仰。目视两掌。（图 3–16）

3. 两掌松开，左右分展，一字平肩；同时，上体向前俯倾，两膝挺直。昂首目视前方，如鸟儿之展翅欲飞。（图 3–17）

4. 再将腰伸直。

如此反复练习。多练此式能治头疾，升肾水，降心火，除百病。

图 3–15

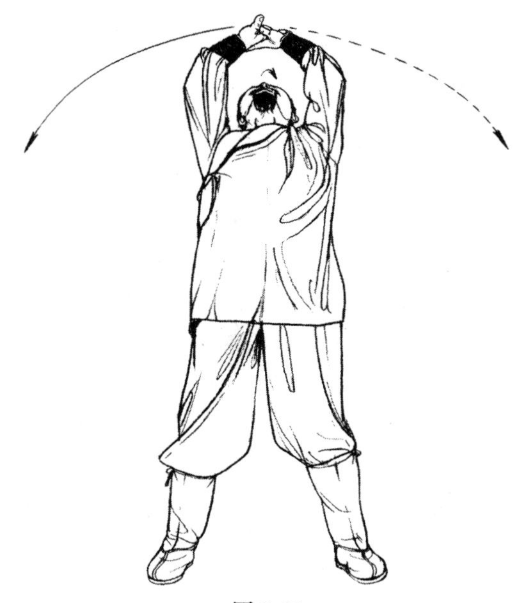

图 3-16

图 3-17

第四章 高式五禽戏

高式五禽戏，据传为明代著名养生家高濂所创。

本功练法精简，舒展大方，动作徐缓，造型美观，是一套不可多得的养生健身、祛病延年的古传秘功五禽戏。

一、仙鹤伏翅

【练法】

1. 预备式：并步站立，两手垂于体侧；体松心静，呼吸自然。目视前方。（图 4–1）

2. 两掌收向腹前相抱，掌尖相对，掌心向上；两脚尖外分，脚跟相并。（图 4–2）

3. 两掌提向胸前，收腹扩胸。（图 4–3）

4. 两掌向左右平肩伸开，掌心向上，掌尖向外。（图 4–4）

5. 两掌旋转，掌心向下，低于两肩。（图 4–5）

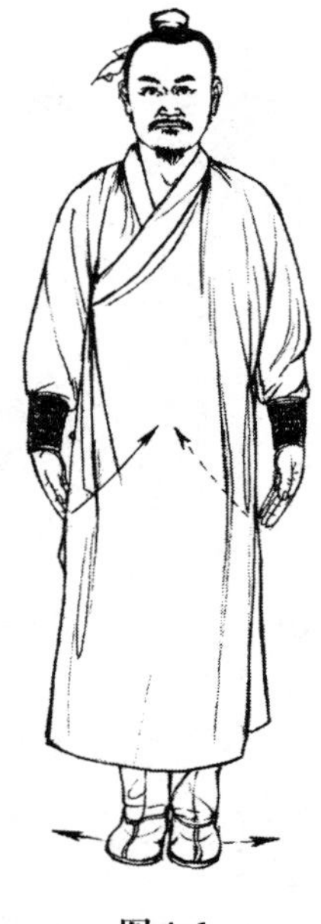

图 4-1

图 4-2

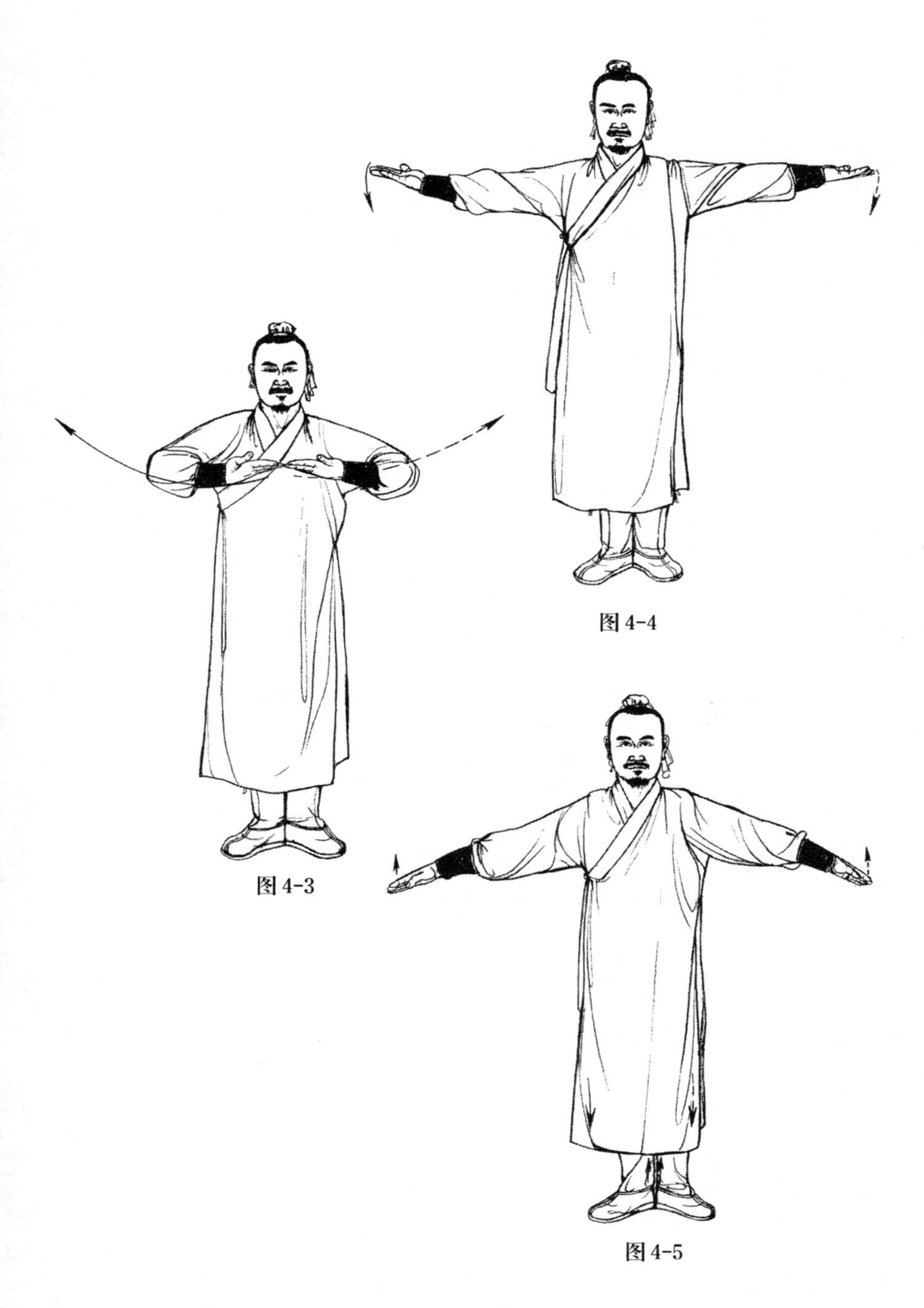

图 4-4

图 4-3

图 4-5

6. 重心移于两前脚掌，两脚跟缓缓提悬离地，两腿屈膝缓缓下蹲，膝尖外展，开胯圆裆；同时，上身正直，两掌稍提，一字平肩。目视前方。（图 4–6）

图 4-6

7. 两脚跟缓缓落地，两腿缓缓伸膝立身；两掌略下压，低于两肩，松胸实腹。目视前方。（图 4–7）

图 4-7

二、白鹤盘翅

【练法】

1. 承接上式，两掌下收，两臂转后，掌心向上外拧，收至臀后，掌背贴臀，两食指尖内侧相接，位于尾闾处；同时，头上顶，臀下坐，两腿屈膝半蹲，右脚悬跟，脚尖点地；收腹扩胸。目视前方。（图 4–8）

图 4-8

2. 两掌缓缓分开，掌心翻转向下，两臂渐渐伸直与肩平；同时，两腿提劲立直，松胸实腹。目视前方。（图 4–9）

图 4–9

三、鹤步舞翅

【练法】

1. 承接上式，右脚跟落地，上体右转；左脚向前上进一步，屈膝提跟；同时，左臂后伸，掌心向后，掌尖向下，高与髋平；右臂前伸，转腕使掌心向上，掌尖向前，约与眉齐，两掌亦同时外拧，身略前倾。目视右掌。（图 4–10）

图 4–10

2. 左脚跟落地；右脚向前方上进一步，屈膝提跟；同时，右掌后伸，高与髋平，掌尖向后，掌心向上；左臂向前斜举，略屈肘勾掌，掌心对面，掌尖向上，两掌亦同时外拧，身略前倾。目视左掌。（图 4-11）

图 4-11

四、展翅迎风

【练法】

1. 承接上式，左脚向前上进一步，上体随之右转，左腿蹬伸，成右弓步；同时，两掌向身后伸出，直臂，高与髋平，掌心向上，掌尖向后，手腕外拧，昂首挺胸。目视前方。（图 4–12）

2. 右脚尖内扣，左转身之际，左脚向后退一大步，挺膝蹬伸，右腿屈膝成右弓步；同时，两掌随转体向左右伸臂平展，高与肩平，掌心向下。目视右掌。（图 4–13）

3. 右脚尖内扣，左脚跟内碾，两腿伸膝立身，开步直立；同时，两掌下落垂于体侧，掌心向前。目视前方。（图 4–14）

图 4–12

图 4-13

图 4-14

五、黑熊拧膀

【练法】

1. 承接上式，两腿屈膝半蹲，成高桩马步；同时，两掌内转，经两肋至肩前时外旋掌托举，屈肘竖臂，掌心向上，掌尖向后斜上方，高约与额平。目视前方。（图 4–15）

2. 两脚不动；上身以腰为轴向右拧转，拧至不能再拧。（图 4–16）

3. 左转身，左掌随拧腰向左下方划弧，撑按至左髋外侧，掌心向下，掌尖向外斜下方；右掌屈肘竖臂，举于头部右侧，高与顶平，掌心向前，掌尖向上；重心移到右腿，成右横裆步。目视正前。（图 4–17）

图 4–15

图 4-16

图 4-17

六、黑熊取宝

【练法】

1. 承接上式，右横裆步不变；左掌向内下按掌于裆前，掌尖向右斜下方，腰身向右拧劲；同时，右掌助力。目视前方。（图 4–18）

2. 上体右转，左膝略屈，成右弓步；同时，右掌翻转前伸，屈肘托掌，高与鼻平；左掌经腹前上提至右胸前，掌心向下，掌尖向右。目视右掌。（图 4–19）

3. 右脚尖内扣，左脚尖外展，左转体，成左弓步；同时，左掌向左翻出，前伸托掌，高与鼻平；右掌内收胸前，掌心向上，掌尖向左。目视左掌。（图 4–20）

图 4-18

图 4-19

图 4-20

七、黑熊搏击

【练法】

1. 承接上式，左脚尖稍内扣，两腿稍屈，上体转正；同时，两掌旋腕张指，环臂胸前，成抱球状，虎口向上。目视前方。（图 4–21）

2. 左脚尖内扣，右脚尖外展，左腿蹬伸，成右弓步；同时，两掌随转身向右前方推出，掌心向前，掌尖向上，两虎口相对，腕与肩平。目视两掌。（图 4–22）

3. 左转体，右脚尖内扣，左脚跟内碾，两膝半屈成左半马步；同时，两掌随转体向左前方推出，腕与肩平，掌心向前，掌尖向上。目视两掌。（图 4–23）

图 4-21

图 4-22

图 4-23

八、黑熊指日

【练法】

1. 承接上式，右脚收进一步，左脚随之前移一步，两腿屈膝半蹲，成左虚步，坐臀，挺腰；同时，右掌下按，置于腹前；左掌向左斜上方伸出，掌心向上，高过头顶。仰头，目视左掌。（图 4-24）

图 4-24

2. 右脚前上一步；同时，左掌下按，置于腹前；右掌向右前斜上方伸出，高过头顶，摇肩提身。目视右掌。（图 4-25）

图 4-25

九、托月献瑞

【练法】

1. 承接上式，左脚向右脚前上步，右脚尖外展，右转身约 180 度。左脚随转体前进一步，重心右移，两腿屈膝半蹲，成左半马步；同时，右掌下收按于腹前，掌心向下，掌尖向左；左掌向前上托出，掌尖向前，掌心向上，高与额平。目视左掌。（图 4–26）

2. 右脚向左脚前上步，左脚尖外展，左转身约 180 度。右脚随转体前进一步，重心左移，两腿屈膝半蹲，成右半马步；同时，左掌下收按于腹前，掌心向下，掌尖向右；右掌向前上托出，掌尖向前，掌心向上，高与额平。目视右掌。（图 4–27）

3. 右脚向右后方撤退一步，左脚尖内扣，开步直立，两脚间距稍宽于肩；同时，两掌下垂体侧。目视前方。（图 4–28）

图 4–26

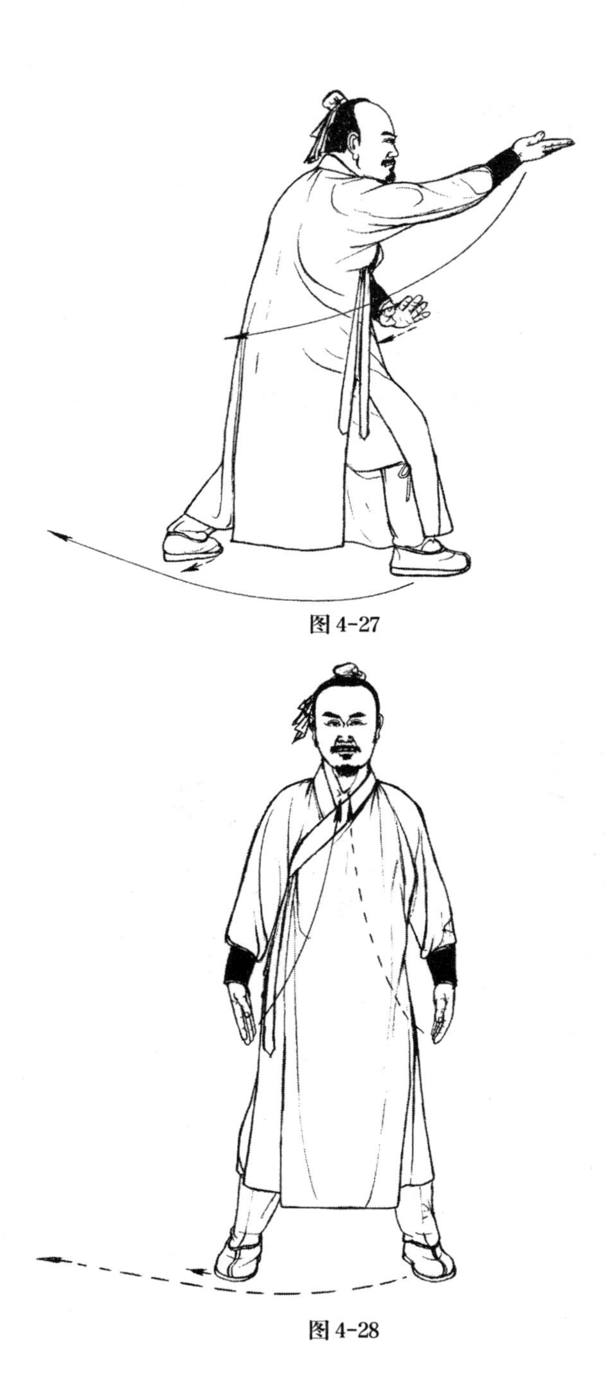

图 4-27

图 4-28

十、虎扑连环

【练法】

1. 承接上式，右脚尖外展，右转体，左脚向前跨上一步，右腿蹬伸，成左弓步；同时，两掌握拳随转身沿腹部上举至喉部前侧，拳心向里，拳面向上，屈肘垂臂。目视前方。（图 4–29）

2. 左脚向前滑步，右脚蹬劲悬跟；同时，上体前倾，两拳变虎爪向前扑抓而出，腕与肩平。目视两爪。（图 4–30）

图 4-29　　图 4-30

3. 右脚内收一小步，脚掌踏平，重心右移成左半马步；同时，两爪旋转，屈肘沉臂，两爪心相对成抱球状，高与眉齐。目视两爪。（图4-31）

4. 右脚上步于左脚跟内侧，脚尖点地成右丁步，两膝稍微下沉；同时，两虎爪下收腰际，屈指握拳，两肘后拉，挺胸收腹。目视前方。（图4-32）

5. 右脚向前跨出一步，左腿蹬伸，成右弓步；同时，两拳变虎爪向前方扑抓而出，高与眉齐，两臂伸直。目视两爪。（图4-33）

图4-31

图4-32

图4-33

十一、白虎回身

【练法】

1. 承接上式，右脚退步收于左脚跟内侧之际，左脚跟外碾，右转身约180度，两腿屈膝半蹲，右脚提跟，成右丁步；同时，两爪收至腰际变拳，拳心向上。目视前方。（图4-34）

2. 右脚跟落地，左脚向前方跨出一步，右腿蹬伸，成左弓步；同时，上体前倾，两拳变虎爪向前扑抓，高与眉齐。目视两爪。（图4-35）

图4-34

图4-35

十二、黑虎试爪

【练法】

1. 承接上式，上体右转，左脚尖内扣，右脚尖外展，成右弓步；同时，两爪随转身向右划至胸前。随即右爪前推，高与眉平；左爪下按腹前。目视右爪。（图 4-36）

2. 左脚向前跨进一步，膝部前顶，成半马式；同时，右虎爪向下按至腹前；左爪向前推抓，至与眉平时抖爪内旋，爪心向右，虎口向上。目视左爪。（图 4-37）

图 4-36

图 4-37

十三、白虎戏爪

【练法】

1. 承接上式，右脚尖外摆，左脚尖内扣，右转体约 180 度，两膝微屈；同时，两虎爪变掌，收抱腰际。目视前方。（图 4–38）

2. 右脚向前滑步，左腿蹬伸，成右弓步；同时，两掌变爪，向前扑抓，右上左下，两爪定位之际猛然拧劲，使两爪虎口向上。目视右爪。（图 4–39）

3. 上体左转约 180 度，右脚跟外碾，左脚跟内收，沉身屈膝，成左半马步；同时，两爪随转身收抱腰际。目视前方。（图 4–40）

4. 右脚向前跨上一步，左腿蹬伸，成右弓步；同时，两爪向前扑抓，右上左下，两爪定位之际猛然拧劲，使两爪虎口向上。目视右爪。（图 4–41）

5. 左转体，右脚尖内扣，左脚跟内收，两腿开步直立，两脚间距稍宽于肩；同时，两爪变掌，下垂体侧。目视前方。（图 4–42）

图 4-38　　图 4-39

图 4-40

图 4-42

图 4-41

十四、仙鹿戏鹤

【练法】

1. 承接上式，左转体，左脚向前一步，右腿蹬伸，成左弓步；同时，两掌向前上推出，腕与肩平，掌尖向上。目视两掌。（图 4–43）

2. 左弓步不变；两掌转腕扣指成拳回拉，收至两腋前，拳心向上，两肘向后用劲，挺胸收腹。目视前方。（图 4–44）

3. 右脚向前方跨进一步，左腿蹬伸，成右弓步；同时，两拳变掌向前上推出，腕与肩平，掌尖向上。目视两掌。（图 4–45）

4. 右脚向后撤退一步，左脚尖内扣，上体转正，两脚开步站立，间距比肩稍宽；同时，两掌落下，垂于体侧。目视前方。（图 4–46）

图 4-43

图 4-44

图 4-45

图 4-46

十五、白猿献果

【练法】

承接上式，右脚尖外展，上体右转，左脚向右前方跨上一步，两腿屈膝半蹲，成左半马步；同时，两掌向前上方伸托而出，屈肘斜臂，大臂平肩，右掌护住左腕内侧；左掌尖向前，掌心向上，高与眉齐。目视左掌。（图 4-47）

图 4-47

十六、回头望月

【练法】

1. 承接上式，左脚向后撤退一步，随之左转体约 180 度，右脚尖内扣，成左半马步；同时，两掌随转体托于左侧前方。随之，右转头，目视右侧后方。（图 4–48）

图 4-48

2. 右脚上步于左脚内侧，两脚并步，屈膝半蹲；同时，两掌下收，抱于腰际。头仍右转，目视右后侧方。（图 4-49）

图 4-49

3. 右脚向左前方上一步，两膝屈蹲成右半马步；同时，两掌向前插出，掌心向下，虎口相并，高与肩平。随之，头向左后转，目视左后侧方。（图4-50）

4. 右脚退步于左脚跟后侧，上体右转，左脚尖内扣，两脚并步，正身直立；同时，两掌下落，垂于体侧；全身放松，调匀呼吸。本功收式。（图4-51）

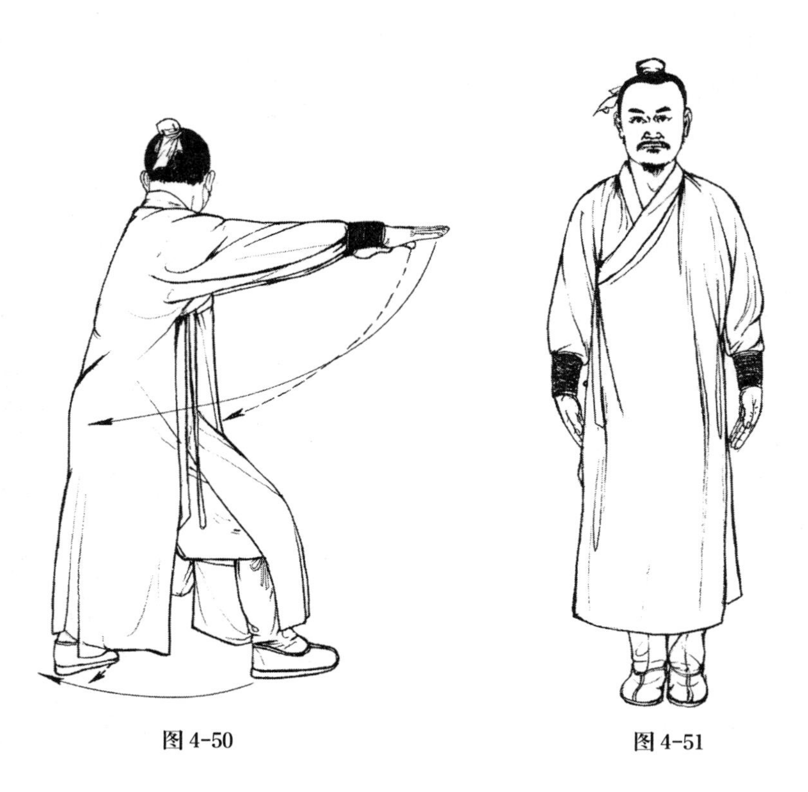

图 4-50

图 4-51

第五章
叶式五禽戏

叶式五禽戏，据传来自清代医学大师叶桂，是医家秘传的养生保健功。

本功“对症下药”，以外练“虎、鹿、熊、猿、鹤”五形，对应保健“肝、肾、脾、心、肺”五脏。虎功养肝，疏肝易筋；鹿功养肾，壮腰健骨；熊功养脾，开胃化滞；猿功养心，安神补脑；鹤功养肺，开胸顺气。

全套共 40 式，刚柔相济，连绵不绝，既有拳功特点，又切合医理。练之可通经活络，活血化瘀，散滞祛痛，理疗诸疾，保养身体，延年益寿。

一、猛虎出林

【练法】

1. 两脚跟相靠，两脚尖外摆，直膝站立；两掌垂于体侧，呼吸自然。目视前方。（图 5-1）

2. 左脚向左横开一步，两脚间距与肩同宽。（图 5-2）

图 5-1　　图 5-2

3. 重心移于右腿，屈膝稍蹲，上体左转约 90 度；随之左脚提跟内收，脚尖点地于右脚前侧，成点虚步；同时，两掌变虎爪，旋转上收腰侧，爪心向上，虎口向前。目视左前方。（图 5–3）

4. 左脚向前跨出一步，右腿蹬伸，成左弓步；同时，两爪里旋向前下扑按，高与腹平，爪心向下，虎口相对。

定式后，头颈向右扭转，目视右方。（图 5–4）

图 5-3

图 5-4

图 5-5

5. 重心左移，左脚尖外摆；右脚向前上步至左脚内侧，一点地即向前跨出，成右弓步；同时，两爪一收即随上步再向前扑按，高与腹平，爪心向下，虎口相对。

定式后，头颈向左扭转，目视左方。（图 5–5）

6. 重心右移，右脚尖外摆；左脚上步至右脚内侧，一点地即向前跨出一步，成左弓步；同时，两爪一收即随上步再向前扑按，高与腹平，爪心向下，虎口相对。

定式后，头颈向右扭转，目视右方。（图 5–6）

图 5-6

二、灵猿望月

【练法】

上体左转，右脚上步于左脚内侧踏实，略屈膝半蹲；左脚提跟，前脚掌点地，成左丁步；同时，右虎爪变猿手，向右、向上划弧，置于右额（太阳穴）侧，手心向下，屈腕勾指，虎口向里；左虎爪变猿手，置于左胯外。

随之，左转头，目视左侧前斜上方，并挤眉弄眼三下。（图 5–7）

图 5-7

三、黑熊运掌

【练法】

1. 两腿伸膝，上体向右转正，左脚向左横开一步，两脚间距与肩同宽；同时，两猿手变掌收至腹侧，随立身上托向前平举，两肘弯曲，两掌置于肩前，掌心向上。目视前下。（图 5-8）

2. 身体放松，体略下沉，两膝徐徐下蹲；两掌由外向里翻转，使掌心向下，随即以螺旋形向下按运。（图 5-9）

一起一落，练习数遍。

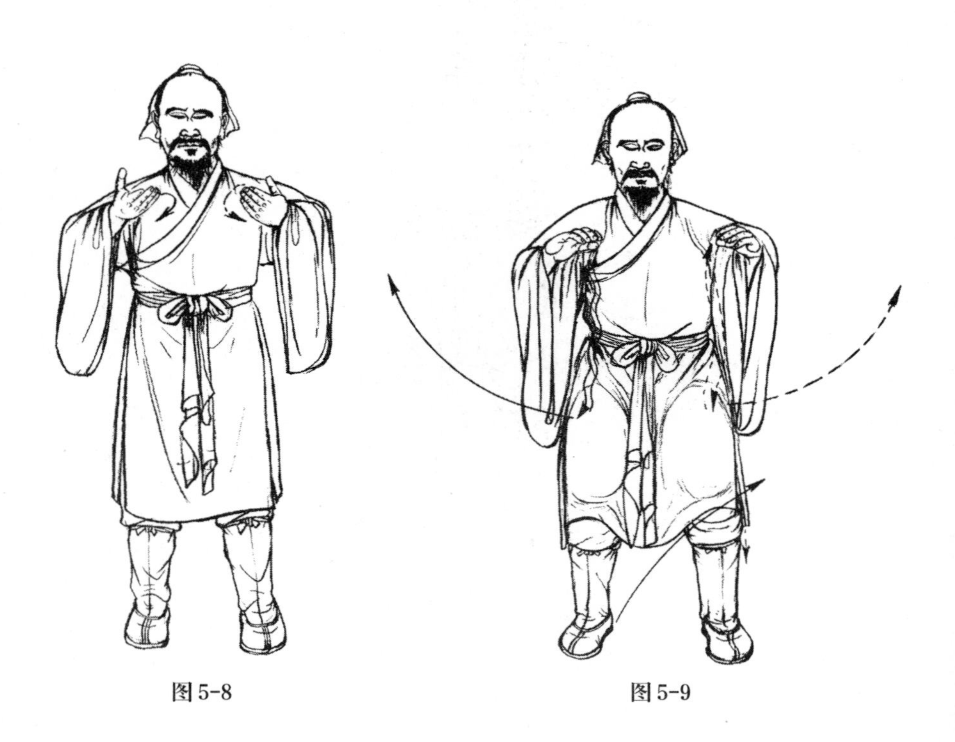

图 5-8　　图 5-9

四、仙鹤舒翅

【练法】

左腿屈膝半蹲，右脚提起置于左膝上；同时，两掌下按至腹前，继向左右伸展抖动，直至与肩相平，掌心向下，掌尖向外。目视前方。（图5–10）

图5-10

五、白鹿闲庭

【练法】

1. 右脚向左脚前外侧落步，脚尖外摆，随即两腿伸膝立身，成扭步式；同时，两掌变鹿角手（食指、无名指向里屈握，拇指、中指、小指伸直），屈肘竖臂，左高（约与耳平）、右低（约与肩平），手心向前。目视右前。（图 5-11）

2. 左脚向左横上一步，右脚向左盖步；两手在胸前交叉相合，再向左右分开。右鹿角手屈肘置于右侧，约与耳平；左鹿角手屈肘置于左侧，约与肩平，手心向前。目视右前。（图 5-12）

3. 以两脚掌为轴，向左转体约 180 度；同时，两鹿角手屈肘竖臂不变。目视前方。（图 5-13）

图 5-11

图 5-12

图 5-13

六、雄鹤独立

【练法】

1. 右脚跟外转约 180 度，随即上体左转，左腿屈膝提起，成右独立步；同时，右掌随转体向上直伸，掌心上顶，掌尖向后；左掌下落左腿旁，掌心下按，掌尖向前。目视前方。（图 5–14）

2. 左脚缓缓下落站稳，右腿屈膝提起，右脚提至左膝前内侧，脚尖下垂；同时，左掌向上直伸，掌心上顶，掌尖向后；右掌向下落至右腿旁，掌心下按，掌尖向前。目视前方。（图 5–15）

图 5-14　　图 5-15

七、白虎拦道

【练法】

1. 右脚落步于左脚内侧踏实，左脚向左横开一步，两腿屈膝半蹲，成马步；同时，左掌向右下落，至右肋侧时与右掌一齐向左划拦。左掌高与肩平，掌心向左后方，虎口向下，掌尖向左；右掌置于左肘下，虎口向上，掌尖向左。目视左掌。（图 5–16）

图 5-16

2. 马步不变；两掌弧形抡转，右手转上，左手转下，使两掌心向前。（图 5–17）

3. 上体右转，重心移向右腿；同时，两掌向右划弧，拦至右侧，十指略屈，右上左下，虎口相对。（图 5–18）

图 5–17　　图 5–18

4. 左手翻转于上，右手翻转于下，两虎口相对，掌心向前。（图 5–19）

5. 两掌缓缓向左回转，置于两肩前，掌心向下；两腿伸开。目光内含。（图 5–20）

图 5-19　　图 5-20

八、仙鹿戏角

【练法】

1. 右脚向左脚前上步，随之左脚尖外展；同时，两掌变为鹿角手，右鹿角手向下、向左，同左鹿角手一齐向下、向左后斜上方划圆，甩举至左斜上方，上身顺势向左倾斜。目向左上方斜视。（图 5–21）

2. 右脚向左脚右前上步；两手向上、向右、向下、向左上甩圆，停在右斜上方，两手心向前，指尖斜向上方，两臂间距约与肩同宽；上体随势向右倾斜，掌握重心，保持身体斜度稳定。目向右上方斜视。（图 5–22）

图 5-21　　图 5-22

九、白猿蹲身

【练法】

1. 左脚向右脚前绕上一步，上体右转；右腿屈膝提起，脚跟置于左膝前内侧，脚尖向前斜下方；同时，两手变猿手，右手下落至右腿后侧，指尖向上；左手屈肘竖臂，置于左额前侧。头上仰，目视左前上方。（图 5−23）

2. 右脚向右后方落地，左脚随之落到右脚内侧，脚尖点地，两腿屈膝半蹲，成左丁步；同时，右猿手向右肩上直臂举起，腕部稍勾，指尖向下；左猿手向左后直臂下伸，腕部稍勾，指尖向上，与右手成一条斜线。目视左前斜上方。（图 5−24）

图 5-23

图 5-24

十、黑熊巡山

【练法】

1. 左脚向前一步，伸膝立身；两手变掌（半屈指式的熊掌手），右掌弧形下按至腹前，左掌上起至左胸前，两肘均外张，上身略向右倾。目视前下方。（图 5-25）

2. 右脚向左前走内八字步，以腰为轴，带动两臂向左转动，右臂高抬，左臂下落。（图 5-26）

图 5-25　　图 5-26

3. 左脚向右脚前走内八字步，以腰为轴，带动两臂向右转动，左抬、右落。（图 5-27）

4. 右脚向左脚前走内八字步，以腰为轴，带动两臂向左方转动，右抬、左落。（图 5-28）

图 5-27　　图 5-28

5. 以双肩为轴，上体向右后拧转；头颈向右后方上仰。目视右后上方。（图 5–29）

图 5–29

十一、白猿摘桃

【练法】

1. 上体左转，左脚上步于右脚内侧，右脚提至左膝前上方；同时，两手均成猿手，左手向前上抓，勾尖向下，高约过顶；右手向左前抓，置于左肘尖下侧，勾尖向下。目视左手。（图 5-30）

2. 右脚向后下跳落实，左脚随即上跳点地，屈蹲成左丁步；同时，两猿手顺势下落，左手约与鼻齐，右手约与胸平，勾尖向下。目视左前。（图 5-31）

图 5-30　图 5-31

十二、仙鹿献角

【练法】

1. 左脚上前一步，成左半弓步；同时，两猿手变鹿角手，左手上举，至左额上方；右手向前直伸，腕与肩平。两手心均向前，指尖均向上。目视右手。（图 5–32）

2. 右脚上步于左脚内侧，一点地即向前跨出，成右半弓步；同时，两手相合胸前，随即右手上举，至右额上方；左手向前直伸，腕与肩平。两手心均向前，指尖均向上。目视左手。（图 5–33）

图 5-32

图 5-33

十三、猛虎回头

【练法】

1. 右脚后退一大步，随之以腰为轴，带动上肢、头颈；双臂向左后扭转，两鹿角手变虎爪划至左髋旁，爪心向左后方，上体倾斜。目视两爪。（图 5-34）

2. 右脚前移半步，顺势下蹲成歇步；同时，两爪在胸前抱球，右爪在下。继以螺旋形右爪翻上，再转向内。两爪由爪心相对，转成爪背相对，右爪向上竖直上举，左爪停在右腹前。（图 5-35）

图 5-34

图 5-35

十四、黑熊探掌

【练法】

1. 上体右转，右脚跟落地；左脚尖翘起，脚跟贴地前移，成左虚步；同时，右爪变掌下落腹前，虎口向前，掌心向里；左掌前伸，肘尖贴左肋，虎口向前，掌尖向前斜下方，约与腹平。目视前下。（图 5–36）

2. 左脚前滑，左膝前弓，成左弓步；同时，两掌向左前斜下方走半圆探出。（图 5–37）

图 5-36

图 5-37

3. 重心后移，左脚尖翘起，成左虚步；两掌向后拉回。（图 5–38）

4. 左脚前落，重心前移，成左弓步；同时，两手向左前斜下方走半圆探出。（图 5–39）

图 5-38

图 5-39

5. 右脚前上一步，重心左移，成右虚步；同时，两手随势拉回。（图5-40）

6. 右脚前滑，重心前移，左腿蹬伸，成右弓步；同时，两手向右前斜下方走半圆探出。（图 5-41）

7. 重心后移，右脚尖翘起，成右虚步；同时，两手随势拉回。（图 5-42）

8. 右脚前落，重心前移，右腿屈膝前弓，成右弓步；同时，两手向前走半圆探出。目视前下。（图 5-43）

图 5-40

图 5-41

图 5-42

图 5-43

十五、白鹤舒身

【练法】

1. 左脚向前方上进一步，伸膝直立；右脚提跟，上身前探；同时，左掌向身后下划，翻掌置于左髋后侧，掌尖向后，掌心向上；右掌向前上方伸举，高过头顶，掌心向下，掌尖向前斜上方。目视前方。（图 5-44）

图 5-44

2. 右脚向前上进一步，伸膝直立；左脚提跟，身体向前倾斜；同时，左臂向上直伸，掌心向下，高与顶平；右臂下落，向身后斜下直伸，掌尖向后，掌心向上。目视左手。（图 5-45）

图 5-45

十六、白熊四顾

【练法】

1. 左脚落跟，向左转体，右脚跟外碾，两膝半屈；两掌收按胸前，双臂弯曲蓄力。目视左斜前方，如起式时面向南，此动作应面向西北。（图 5–46）

2. 以左脚跟为轴，右脚向前方转动约 180 度；双臂旋力，带动右脚向右方发劲。此时面向东南方。（图 5–47）

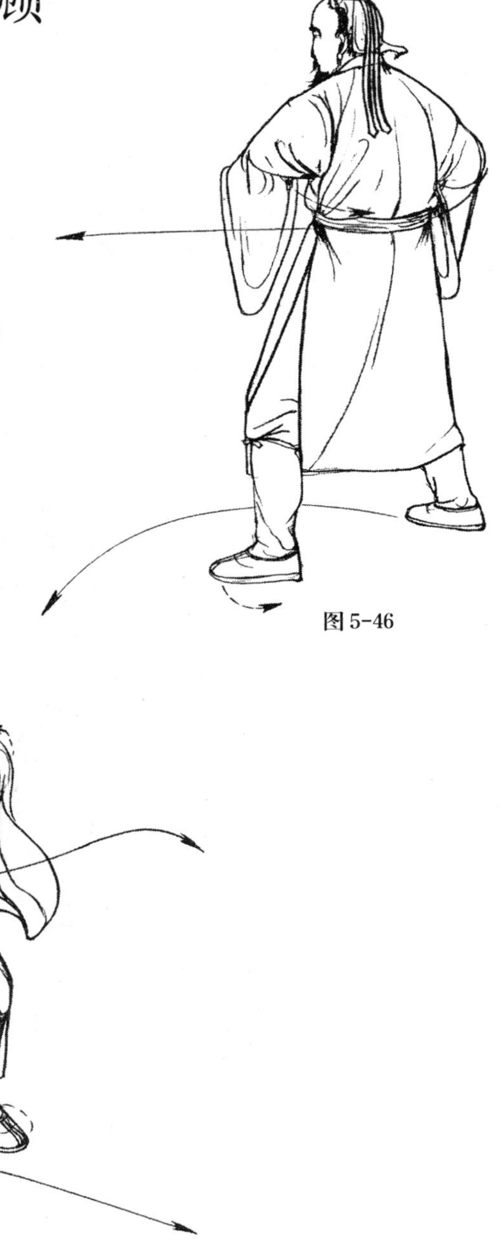

图 5-46

图 5-47

3. 仍以左脚跟为轴，右脚向斜前方转动约 90 度；双臂旋力，带动右脚向右方发劲。此时面向东北方。（图 5-48）

4. 仍以左脚跟为轴，右脚向前方转动约 180 度；双臂旋力，带动右脚向左方发劲。此时面向西南方。（图 5-49）

图 5-48

图 5-49

十七、白鹿跃涧

【练法】

1. 向右转体，右脚向前移步，伸膝直立站稳；左腿向后缓缓抬举，脚掌向后上翘，约与臀平；同时，上体前倾，两掌变鹿角手，向右前方平胸伸出，手心向下。目视两手。（图 5–50）

2. 左脚向前落步站稳；右脚向后上翘起，脚底向上；同时，两手在胸侧向里翻转划圆，随即向前平伸，上体前俯。目视两手。（图 5–51）

3. 右脚向左前方落地，脚掌着地，成右虚步；同时，上体顺势徐徐后仰，双臂随之向后上伸展，手心向上。目视前方。（图 5–52）

图 5-50

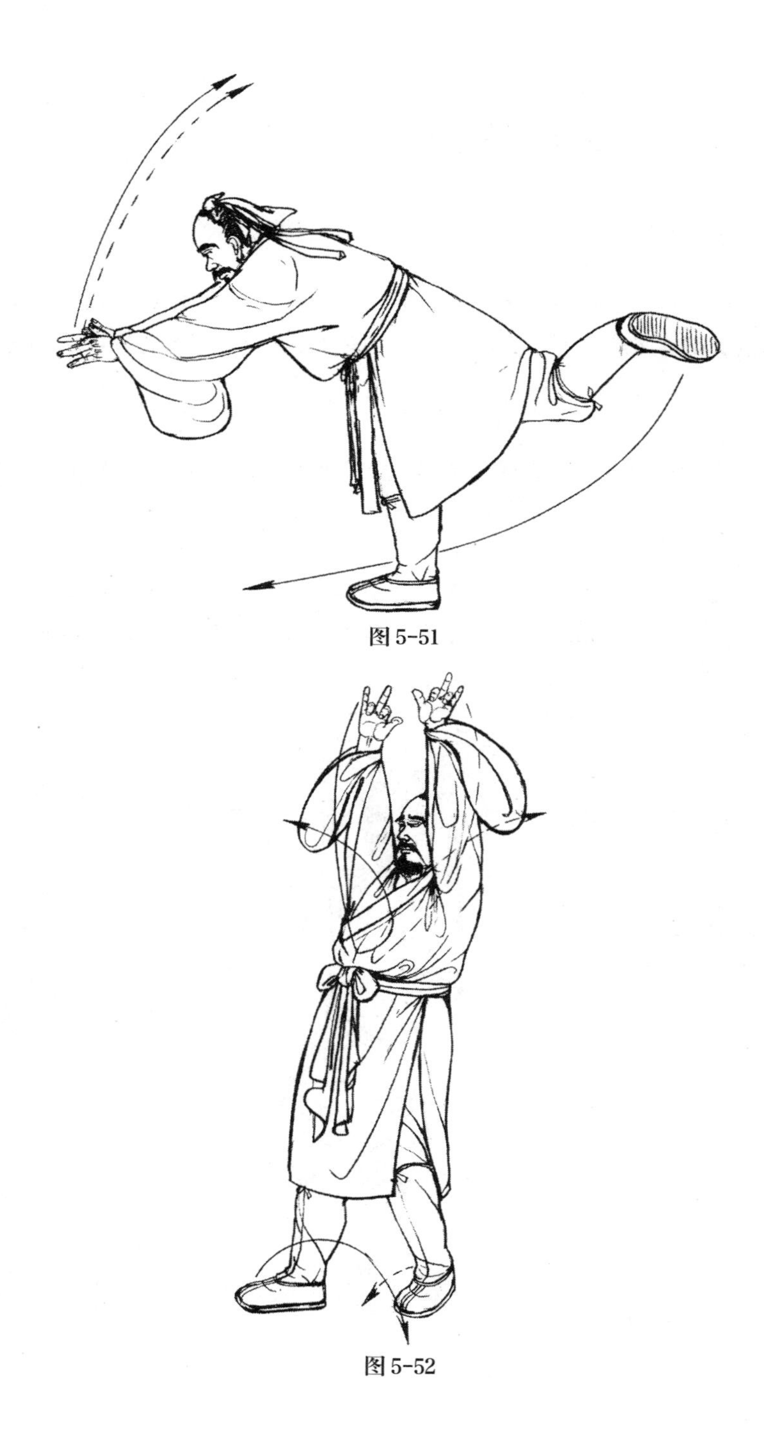

图 5-51

图 5-52

十八、仙鹤飞翔

【练法】

1. 以左脚前掌为轴，左脚跟内碾，向左转身；右脚收于左脚内侧，脚尖点地，成右丁步；同时，两鹿角手变掌左右分开，肘部沉屈，掌尖向上，腕高平肩。

定式后，掌心向外，手掌起伏摆动 3 次。（图 5–53）

2. 右脚前走上步；左腿向后上翘，脚底向上；同时，上体前俯，两臂向左、右平直分开，掌心向外，以肩、肘、腕为轴，柔和轻盈地摆动 3 次，似鸟飞状。（图 5–54）

3. 左脚前走上步，重心移至左腿；右腿向后上翘，脚底向上；同时，上体前俯，两臂向左、右平直分开，掌心向外，以肩、肘、腕为轴，柔和轻盈地摆动 3 次。（图 5–55）

图 5-53

图 5-54

图 5-55

十九、虎扑连环

【练法】

1. 右脚尖内转约 180 度，右脚落地后稍屈右膝半蹲；上体随之左转，左脚尖点地于右脚内侧，成左丁步；同时，两掌变虎爪收抱腹前，爪心向上。目视左前方。（图 5-56）

2. 左脚提起，向前跨出一大步，成左弓步；同时，两爪在腹前向里翻转，向前扑出，高与腹平，爪心向下。目视前方。（图 5-57）

图 5-56

图 5-57

3. 右脚提起，向前跨越一大步，成右弓步；同时，两爪在腹前向里翻转，向前扑出，高与腹平，爪心向下。目视前方。（图 5–58）

4. 左脚提起，向前跨越一大步，成左弓步；同时，两爪在腹前向里翻转，向前扑出，高与腹平，爪心向下。目视前方。（图 5–59）

图 5-58

图 5-59

二十、白猿献果

【练法】

身体右转约 180 度，右脚随转体向后弧形收退一步，至左脚外后侧；左脚尖随之内转，成左虚步；同时，两手随转体向前相合，指端相对，掌心向上，高与腹平，上体稍向前躬。目视前下。（图 5–60）

图 5-60

二十一、白鹿献蹄

【练法】

1. 右脚提起，绕过左膝向左后侧盖步；上体随之左转，两腿下蹲，左脚跟抬起，成歇步；同时，两手变鹿角手，右手向上伸举于头部右侧，左手向左前平肩伸出，两手心向前，手指向上。目视左手。（图 5–61）

2. 起立，右脚站稳；左脚向左前蹬出，脚尖向上，高与腹平；同时，两手在胸前交合后，左手向左前伸直与肩平，右手置于右额上方。目视左脚尖。（图 5–62）

图 5-61

图 5-62

二十二、黑熊跃涧

【练法】

1. 左脚向前落步，右脚随之向左脚内侧上步，两脚间距比肩稍宽，两脚提踵；同时，两鹿手变掌，徐徐上拔高举，掌心向前，形似攀枝状。目视前上方。（图 5-63）

2. 两脚跟落地，两膝渐渐弯曲，臀部稍后沉；同时，徐徐向前躬腰，至双掌触地。（图 5-64）

图 5-63　　图 5-64

二十三、白猿望月

【练法】

1. 上身徐徐向左以 S 形转动约 180 度，两腿下屈成歇步，面向左后上仰；右掌提于右眉角外；左掌成勾手停在左髋旁，勾尖向上。目视左后上方。（图 5–65）

2. 上体稍起立，右脚盖向左脚前方，下蹲成歇步，上体以 S 形向右后扭转，面向右后上仰；同时，左勾手变掌，提于左眉角外；右掌成勾手向下停在右髋旁，勾尖向上。目视右后上。（图 5–66）

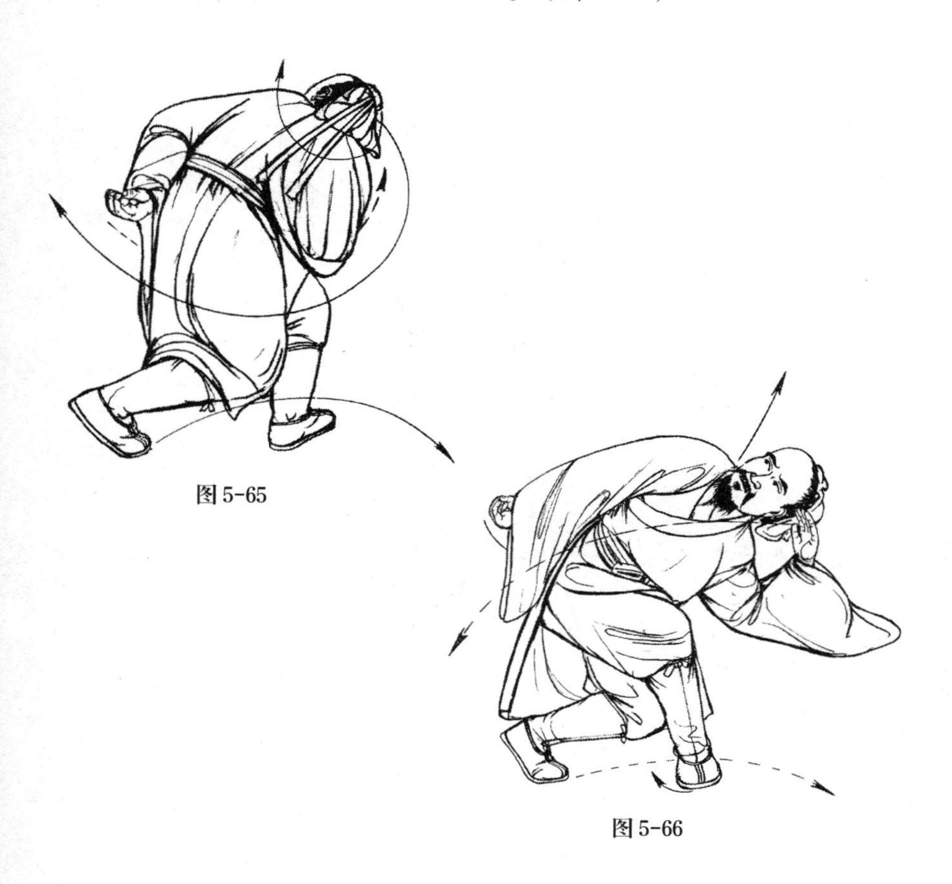

图 5-65

图 5-66

二十四、仙鹤盘翅

【练法】

1. 左脚向前上一步，右转身约 180 度，右脚尖外摆，下盘成左斜歇步；同时，右勾手变掌，两掌向两侧分开，两臂约成一条直线，左臂斜向下，左掌约与膝平，掌尖向前；右臂斜向上，掌尖向上，高过头顶。目视左下。

定式后，以腕为轴，摆动双掌 3 次。（图 5-67）

图 5-67

2. 以两脚掌为轴向左转体约 180 度，左腿盖向左腿前，下蹲成斜歇步；同时，两掌分向两侧，两臂约成一条直线，左臂斜向上，右臂斜向下。目视右下。

定式后，以腕为轴，摆动双掌 3 次。（图 5-68）

图 5-68

二十五、卧虎扑羊

【练法】

1. 右脚跟落地，右腿屈膝全蹲；左腿前伸，仆步下式，脚后跟着地，脚尖上翘；同时，左掌从左腿内侧穿出，至左膝上侧变虎爪，虎口向上；右掌变虎爪护于左前臂内侧，虎口向上。目视左爪。（图 5–69）

2. 重心左移，上体起立，右腿蹬伸成左弓步；同时，两爪上提，抱抓腹前，爪心相对，虎口在上。（图 5–70）

3. 左腿站稳，右腿屈膝向前提起；两爪揉动后分开，右爪向上高举过顶，爪心向前；左爪收于胸前，爪心向前。目视前方。（图 5–71）

图 5-69

图 5-70

图 5-71

二十六、白鹤亮翅

【练法】

1. 右脚向前落步，左腿蹬伸，成右弓步；同时，两爪变掌，向前下按出，高与腹平。目视前方。（图 5–72）

2. 两掌以肩关节为轴向后伸展，掌心翻转向上，掌尖向后；上体前倾，右腿向前伸直，左脚跟提起。目视前上方。（图 5–73）

3. 左脚向左前走鹤步（鹤步，即一腿屈膝抬起，再平步落地），左腿向前伸直；右脚尖点地；同时，两臂向前翻回平举，再向里、向下以肩关节为轴向后伸展，掌心翻转向上，上体前倾。目视前上方。（图 5–74）

图 5-72

图 5-73

图 5-74

二十七、白鹿奋蹄

【练法】

1. 右脚向前一步，左脚随之盖步，脚尖外展，右脚跟提悬，两腿下蹲成歇步；同时，两掌变鹿角手，左手向左上伸直，高过头顶，指尖向上；右手向右前伸，掌心向前，手指挺起，腕高平肩。目视右手。（图 5-75）

图 5-75

2. 起立，左脚站稳；右脚向前蹬出，脚尖勾起，高与腹平；同时，两手于胸前相合后，右手向前平肩伸出，肘部屈垂；左手提置左额侧上方。目视右脚。（图 5–76）

图 5–76

二十八、猛虎双爪

【练法】

1. 右脚向前落步，左脚尖随之点地于右脚内侧，成左丁步；同时，两手变虎爪向前下合抱，置于左大腿前上侧，约与裆平，两爪心相对，虎口向前斜上方。目视前方。（图 5-77）

图 5-77

2. 左脚向前方迈步，右腿蹬伸，成左弓步；同时，两爪顺势向前发劲，并以逆式螺旋形转动一圈。（图 5–78）

图 5-78

3. 左腿蹬伸，后坐蓄劲。（图 5-79）

图 5-79

4. 两爪再向前弓步推按，高与腹平。目视左下。（图 5-80）

图 5-80

二十九、黑熊摇身

【练法】

1. 右脚向前上进一步，左脚尖外展，上体左转成横裆步（右斜弓步）；同时，两爪变掌随转体左右分开，右掌向右上斜方分出，高约与额平，掌心向上；左掌向左下斜方分出，高与腰平，掌心向下。目视左斜前方。（图5-81）

2. 重心左移，右手握拳，向内屈肘；左掌护于右前臂内侧。目视右前方。（图5-82）

3. 右脚碾转，向右转体，左脚向右前方上一步；同时，右臂滚肘，向右上翻拳击出，拳面斜向上；左掌随之附在右前臂内侧。目视右拳。（图5-83）

图5-81

图 5-82

图 5-83

三十、白猿飞渡

【练法】

1. 向左转体，右脚向后上翘起，脚底向上；上体自然前倾，头颈上仰；同时，右拳变掌，翻转置于左额外侧，掌心向右，虎口向前，五指稍屈；左掌成勾手拉至左胯旁，勾尖向后斜上方。目视前上方。（图 5–84）

图 5-84

2. 右脚向前落步站稳；左脚向后上翘起，脚底向上；上体自然前倾，头颈上仰；同时，左勾手变掌，翻转置于右额外侧，掌心向左，五指稍屈；右掌成勾手拉至右胯旁，勾尖向后斜上方。目视前上方。（图 5-85）

图 5-85

三十一、左顾右盼

【练法】

1. 左脚向右脚前落步，上体向左拧转，右膝抵在左腿弯内，成半屈蹲步；同时，右勾手提置右额旁，勾尖下垂；左掌成勾手落至左胯旁，勾尖向上。目视左侧斜后方。（图 5-86）

图 5-86

2. 右脚向左脚前上步，上体向右拧转，左膝抵在右腿弯内，成半屈蹲步；同时，左勾手提置左额外，勾尖下垂；右勾手落至右肋侧，勾尖下垂。目视右斜前方。（图 5–87）

图 5-87

三十二、饿虎扑食

【练法】

1. 重心落于右腿，左腿屈膝提起，成右独立步；同时，两手变虎爪下收于左大腿上侧，爪心向下。目视两爪。（图 5-88）

图 5-88

2. 左脚向前猛冲一步，右脚顺势向前滑步，成左弓步；同时，两爪向前扑按，爪心向下，虎口相对。（图 5-89）

定式后，再以腰为轴，带动两爪发劲抖动。

图 5-89

三十三、黑熊靠膀

【练法】

左脚掌向外碾转，向左转体；右脚向前跨上一步，屈膝半蹲成斜马步；同时，右臂蓄劲运肘向右翻肘扛靠，力达肘尖，约与胸平，右爪屈指成拳，拳心向下；左爪变掌，附在右前臂上侧助力。目视右前方。（图 5-90）

图 5-90

三十四、飞鹤戏水

【练法】

上体左转约 90 度，右脚向左前方上步，左脚向右后滑一步，成右弓步；同时，两手变掌左右分开，上体向右扭身倾斜，左掌向左斜上方，高过头顶，掌尖向上；右掌伸至右斜下方，掌心向下。目视右下方。

定式后，以腕为轴，用腕力摆动两掌 3 次。（图 5-91）

图 5-91

三十五、白鹿争角

【练法】

1. 向左转体，左脚向左前一步；右脚尖内扣，右腿蹬伸，成左弓步；同时，两掌变鹿角手，随转身向左斜上方伸出，约与额平，两手心均向下。目视前上方。（图 5-92）

图 5-92

2. 左脚尖外摆；右脚提步至左脚内侧，然后向右迈出，成右弓步；同时，两手收至胸前交叉，再向右斜上方伸举而出，高过头顶，手心向前下。（图 5–93）

图 5-93

三十六、右瞧左窥

【练法】

1. 左脚上步于右脚内侧站稳，右腿屈膝提起，成左独立步；同时，两鹿角手变猿手，左手提至左额外侧，右手下落在右腿旁，勾尖均向下。目视右侧方。（图 5–94）

2. 右脚下落震步，左腿屈膝提起，上体左转约 45 度；同时，右手提至右额外方；左手落在左腿外。目视左侧方。（图 5–95）

图 5-94　　图 5-95

三十七、口衔灵芝

【练法】

右独立步不变，左膝略上提；同时，两手变鹿角手，右手屈肘竖臂，指尖向上，手心向前，高与顶平；左手坐腕翘指，肘尖抵肋，指尖向左斜上方，手心向前，高与腹平。目视左手。（图 5–96）

图 5-96

三十八、鹤立寒江

【练法】

右脚站稳，重心下沉，屈膝半蹲；左小腿向里弯曲，置于右膝上；同时，两手变掌在胸前相合，再以双肩为轴向外翻转展臂，两掌心斜向上，右臂约与肩平，左臂约与胸平；上体稍向左倾。目视左上方。（图 5–97）

图 5–97

三十九、熊坐平台

【练法】

1. 左脚向左侧落步，稍屈膝；右脚背扫击左小腿后侧，贴紧左小腿后侧；同时，右掌变拳向左勾提，拳面向上；左掌迎拍右前臂。目视右拳。（图 5–98）

2. 右脚向右落步，重心右移，屈膝半蹲成左半马步；同时，右拳变掌，两掌由右下向右上划圆，在胸前发劲下按，运至与腹相平。目视左前方。（图 5–99）

图 5-98　　图 5-99

四十、猛虎归山

【练法】

1. 左脚尖外摆，向左转体；右脚提起绕过左腿向左前跨出一步，成右弓步；同时，两掌变虎爪，左爪斜向左上方捧出，停于左额外侧，爪心向下；右爪向右下捋，至右髋外侧，爪心向下。目视右侧下方。（图 5-100）

图 5-100

2. 以左前脚掌和右脚跟为轴，带动上体左转约 180 度，右脚向左前方上步成右弓步；同时，两爪随之转动，姿势不变。目视右后方。（图 5–101）

图 5–101

3. 左脚向左一步，上体右转，面向正前；立身，两脚间距与肩同宽；同时，两爪变掌，平举于两肩前方，掌心向下，两臂成半弧状。（图 5-102）

4. 两掌下落体侧，掌尖向下，掌心向里。目视前方。（图 5-103）

图 5-102　　图 5-103

5. 左脚里收，两脚并步，两脚跟相靠，脚尖外摆。放松全身，调匀呼吸，本功收式。（图 5–104）

图 5–104

第六章
金式五禽戏

金式五禽戏，据传为民国武术家金一明所创。

金一明所著《三十二势长拳》即载有：“武当脱胎于少林，少林得法于禽经。”禽指“五禽戏”，经指“易筋经”。其与金佳福合著之《少林拳图解》也记有：“发明最早、见于史书者，当推华佗为始。华有‘虎、鹿、熊、猿、鸟五禽图戏’传于世。”本五禽戏，即是根据金先生专著，结合相关资料，重新整理而来。

金一明，江苏扬州人，幼好武术，师从唐殿卿、涤尘禅师、孙禄堂等名师。他编写了大量武术图书，如《六把总拿》《擒拿浅释》《孙氏太极拳与擒拿》《中国技击精华》《武当秘诀》《武当拳术精义》《六合枪》《少林石头拳》《龙形剑》《单戒刀》《风波棍》等。

一、虎视

【练法】

1. 两脚并步，正身站立；两掌垂于体侧；自然呼吸。目视前方。（图6-1）

2. 两掌屈指握拳，拳心向前，拳眼向外。瞪目怒视前方。（图6-2）

3. 体右转，右脚向右前方跨上一步，左腿蹬伸，成右弓步；同时，两拳向前撞出，高与腹平，拳心相对，拳眼向上，两前臂与后臂约成90度角。怒目前视。（图6-3）

图6-1

图 6-2

图 6-3

二、虎蹲

【练法】

1. 左脚尖外展，右脚尖内扣，两腿屈膝半蹲成马步；同时，两拳先向左右分开，弧形下落至两膝外侧，继向裆前收拢，后屈臂上提至两肩前侧，拳心向里，拳面向上，屈肘竖臂。目视前方。（图 6–4）

2. 臀部向下沉坐，成低马步；同时，两拳内转，沿体前下压，腕根用力，垂至裆下，拳面向前，拳心向下，两臂挺直。昂头，目视前斜上方。（图 6–5）

图 6–4

图 6–5

三、虎扑

【练法】

1. 上体左转，右脚向左前上方跨进一大步，左腿蹬伸，成右弓步；同时，两拳变虎爪上收腰际，爪心向前。目视前方。（图 6–6）

图 6-6

2. 左脚向前上方跨进一大步，屈膝前蹲成左弓步；同时，两爪前扑抓下，两臂挺直，左爪置于左膝弯内侧，右爪置于裆前下侧，两爪心均向下。怒视前方。（图 6–7）

图 6-7

四、鹿眠

【练法】

身腰右坐，成右弓步；同时，两虎爪变掌，向右斜上方撇出，两臂伸直，右掌约与耳平，虎口向下，掌心向后；左掌撇于右前臂下侧，约与腹平，虎口向上，掌心向后。头向左转，目视左侧方。（图 6–8）

图 6–8

五、鹿兴

【练法】

1. 左腿向右前方横扫，身腰同时右转，左脚尖向里勾起；同时，右掌屈臂置于右额外侧，虎口向下；左掌向下划拦于左髋外侧。目视左下。（图6-9）

2. 左前脚掌向前落下踏实，右腿屈膝向前提起，高与腹平，成左独立步；同时，左掌变拳，举过头顶，成为冲天拳式，拳眼向后；右掌变拳，收于右腰际，拳心向上。目视前方。（图 6-10）

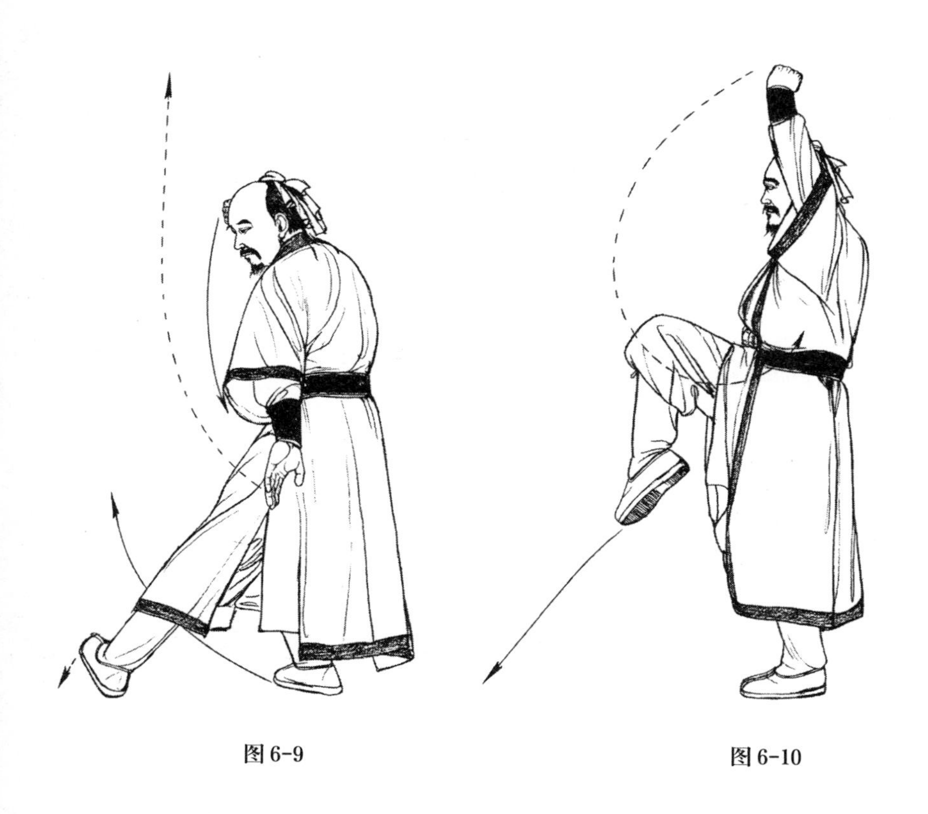

图 6-9　　图 6-10

六、鹿触

【练法】

1. 右脚向前落步，左腿蹬伸，成右弓步；同时，左拳下收，抱于左腰际，挺胸收腹。目视前方。（图 6–11）

图 6–11

2. 左脚向右前跨进一大步，右腿蹬伸，成左弓步；同时，两拳从腰间发出，向前上方冲出，高过头顶，两拳心相对。目视前方。（图 6–12）

图 6-12

七、熊伸

【练法】

右脚向左前方进一步；左脚尖点地，脚跟右磨，向左大转身，成左丁步；同时，两拳变掌向后划弧，右臂屈肘，竖臂右肩前，掌心向前，掌尖向上；左臂落向前下方，左掌按于裆前，掌心向下，掌尖向右斜前方。目视前方。（图 6-13）

图 6-13

八、熊攀

【练法】

左脚跟落地，右脚向左前方跨上一大步，左腿蹬伸，成右弓步；同时，右掌向前推出，腕与肩平，坐腕竖掌，掌尖向上，掌心向前；左掌向左上划弧举臂于头顶上方，掌心向上，掌尖向右。目视右掌。（图 6–14）

图 6–14

九、熊搏

【练法】

右脚向右后方倒退一步，左脚尖右磨，上身前屈。随即两掌按于右脚前地面；左腿稍屈，脚跟提悬，前脚掌着地；右腿屈膝前弓。头向右转，目视右侧方。（图 6–15）

图 6-15

十、猿跃

【练法】

1. 左脚前跨一步，脚尖点地，右膝微屈，成左虚步；同时，两掌各捏五指，从怀内向上、向外平分，约与顶平，勾尖向下。目视前方。（图6–16）

2. 右脚跃前一步，脚尖点地成右虚步；同时，两勾手变掌，向怀内合拢交叉，左内右外，掌心向内，掌尖向上。目视前方。（图6–17）

3. 左脚向前跃步，脚尖虚点地，重心落于右腿，上体后倾；同时，两掌向左右分开，捏指成勾，约与顶平，勾尖向下。目视前方。（图6–18）

上述动作，形如猿跃。总共前跃三步，三步均要轻快；双手上分两次，圆转自如。

图6-16

图 6-17

图 6-18

十一、猿坠

【练法】

右脚向左脚前上进一步，脚尖点地；左脚跟落地，屈膝半蹲，成右虚步；同时，两勾手向前弧形落下，如攫物状，随即屈肘勾腕，竖于胸前，勾尖向下，虎口相对，高与肩平。目视前方。（图 6–19）

图 6-19

十二、猿攫

【练法】

1. 右脚前进一步，左脚跟进，左脚悬跟蹬力，膝略沉跪，成右弓步；同时，右勾手变掌向前上扬，掌心向前，掌尖向上，高过头顶；左勾手变掌向前下方撩出，掌心向前，掌尖向前斜下方，高与裆平。目视前方。（图6–20）

2. 右掌以逆时针方向绕圈，屈肘收护额前，掌背贴近脑门，虎口向下，掌尖向左；同时，左掌翻转，捏其五指，屈肘收回贴胸，勾尖向下。目视前方。（图6–21）

图6-20

图6-21

十三、鹤飞

【练法】

两脚尖左磨，由右边左转，右掌离开额前，作攫物状，此时左脚在前。随之右脚前跨一步，左脚跟过一步，两腿挺直，左脚悬跟；同时，两手向上伸开如鹤展翅状，两臂斜向侧上方，屈腕直掌，掌尖向外斜下方，腕背高与额平。目视前方。（图 6–22）

图 6–22

十四、鹤掠

【练法】

右脚向左插步，左脚紧跟向左横进一大步，右腿蹬伸，成左弓步；同时，左转身，两掌由前落下，挺直双臂，掌棱提劲，分别向后下砍出，置于两髋后外侧，掌尖向后斜下方，两掌心遥遥相对；上身前倾，劲贯两肩。目视前方。（图 6-23）

图 6-23

十五、鹤落

【练法】

1. 重心移于左腿，右脚擦地向左前方扫踢，就势向左大转身，左腿屈膝半蹲，右脚尖勾起向内斜上方；同时，左掌上举，屈肘架于左额前侧方，掌尖向右，掌心向前；右掌不变。目视右脚。（图 6–24）

2. 右脚尖内转落地，上体左转之际，左脚向左前进步，右腿蹬伸，成左弓步；同时，左掌屈肘竖臂，立掌护于左肩前，掌尖向上，掌心向右；右掌向前劈砍，力达掌棱，约与喉平，掌心斜向上方，臂略挺直。目视右掌。（图 6–25）

图 6-24

图 6-25

3. 重心移于右腿，屈膝半蹲；左脚内收半步，前脚掌着地，脚跟略悬离，成左虚步；同时，右掌向后下方划弧砍下，撇于右后下方成勾手，置于髋部外后侧，勾尖向上；左掌用掌棱向前切出，肘部略屈，掌尖高与鼻平。目视左掌。（图 6–26）

4. 左脚退步于右脚内侧，两腿伸膝立身；同时，右勾手变掌，与左掌一起收按于两胯侧，坐腕，掌心向下，掌尖向前。目视前方。（图 6–27）

5. 左脚尖外展约 90 度，右脚尖内扣，体左转约 90 度，仍成并步；同时，两掌放下，垂放体侧。调匀呼吸，本功收式。（图 6–28）

图 6–27

图 6–26

图 6–28